Birgitta Falk und Andrea von Hülsen-Esch (Hrsg.)
Mathilde – Glanzzeit des Essener Frauenstifts

KLARTEXT

Birgitta Falk und
Andrea von Hülsen-Esch (Hrsg.)

Mathilde

Glanzzeit des Essener Frauenstifts

Inhalt

Vorwort

Und (der Tod) *raubte einen Edelstein*
aus dem Stamm des Königshauses,
die Äbtissin Mathilde, Tochter Liudolfs.
Quedlinburger Annalen zum Jahre 1011[1]

Am 5. November 1011 starb Äbtissin Mathilde von Essen im Alter von vermutlich 62 Jahren. Annähernd 40 Jahre lange hatte die Enkelin Kaiser Otto des Großen dem Essener Frauenstift vorgestanden. Die Geschichte des Stifts ist wahrlich nicht arm an beeindruckenden Frauengestalten, doch war es Mathilde, welche die prägendsten Spuren hinterließ. Ihre Bedeutung reicht zudem weit über Essen hinaus. Es seien hier nur einige Schlaglichter gesetzt.

Mathilde band das Stift eng an die Politik des Kaiserhauses an. Sie sorgte dafür, dass alle vier in ihrer Amtszeit regierenden Könige bzw. Kaiser dem Stift seine Privilegien bestätigten und sein Besitz vermehrt wurde. Der ottonische Westbau ist steinernes Monument ihrer Bildung und ihres herrschaftlichen Anspruchs. Die Goldene Madonna, unter ihrer Ägide entstanden, ist die älteste vollplastische Mariendarstellung der Welt. Sie und der von Mathilde in Auftrag gegebene Holz-Kruzifix in Aschaffenburg gehören zu den wenigen erhaltenen europäischen Großplastiken aus der Zeit vor 1000. Der von ihr geschenkte Siebenarmige Leuchter diente bis in die Frühe Neuzeit als Totenleuchter für die Verstorbenen in Essen.

Reichtum und Erlesenheit des Essener Schatzes gehen auf Mathildes Epoche zurück. Die Kunstwerke aus ihrer Zeit wurden im Frauenstift besonders geschätzt und behütet. Nach dem großen Brand der Stiftskirche 1275 integrierten ihre Nachfolgerinnen den Westbau als Monument für die große Vergangenheit des Stifts in den gotischen Neubau. Mathildes wurde im Stift als *mater ecclesie nostre* jahrhundertelang fromm gedacht. Die Stiftsfrauen beteten für ihre Seele und ließen Messen lesen.

Essener Dom und Domschatzkammer

Anlässlich des 1000. Todestages der Äbtissin haben wir uns zu einem Projekt zusammengeschlossen, um Mathilde mit einer Ausstellung und einem dazugehörigen Buch die Aufmerksamkeit zu erweisen, die sie verdient.

Die Publikation kann auf wichtigen Forschungen aufbauen, vor allem auf Arbeiten der Mitglieder des Essener Arbeitskreises zur Erforschung der Frauenstifte. Für die Zeit Mathildes sind dies vor allem Forschungen von Thomas Schilp, Katrinette Bodarwé, Klaus Lange und Klaus Gereon Beuckers. Ein Meilenstein im Bewusstsein um die Bedeutung religiöser Frauengemeinschaften für die kulturelle Entwicklung des Frühen Mittelalters war die Ausstellung »Krone und Schleier«, die 2005 im damaligen Essener Ruhrland-Museum stattfand. Eine Frucht der kontinuierlichen wissenschaftlichen Bearbeitung des Essener Domschatzes in den letzten Jahren, bei der auch der wissenschaftliche Nachwuchs bereits eingebunden wurde, war die Ausstellung »Gold vor Schwarz« im neuen Ruhr Museum 2008/09. Damit einher ging auch der erste Gesamtkatalog der Schatzstücke seit 1904.

Unser Bemühen war es, den kunsthistorischen Nachwuchs anhand der herausragenden Figur der Äbtissin Mathilde praxisorientiert an mittelalterliche Themen heranzuführen. Ausstellung und Buch erwuchsen aus einem Seminar mit Studierenden des Kunsthistorischen Instituts der Heinrich-Heine-Universität. Im Wintersemester 2010/11 wurden die wissenschaftlichen Grundlagen gelegt, d. h. in Studienarbeiten unterschiedliche Fragestellungen ›rund um Mathilde‹ wissenschaftlich bearbeitet. Im folgenden Sommersemester schrieben die Studierenden und andere Autoren Beiträge für den Katalog, er wurde redaktionell bearbeitet und für den Druck vorbereitet. Hier ist vor allem die Leistung des studentischen Redaktionsteams hervorzuheben, das umsichtig und professionell gearbeitet hat. Danken möchten wir auch den ›Fremdautoren‹, dem Bochumer Historiker und Archivar Jens Lieven, der das Essener Münsterarchiv geordnet hat und damit der beste Kenner dieses Bestandes ist, Eva Schlotheuber, Düsseldorfer Professorin für Geschichte und ausgewiesene Kennerin mittelalterlicher Frauengemeinschaften, und dem vielfach bewährten Essener Stadtarchäologen Detlef Hopp.

Ludger Claßen vom Essener Klartext hat das Projekt spontan ins Verlagsprogramm aufgenommen und ein Buch daraus gemacht. Die Mitarbeiterinnen und Mitarbeiter der Domschatzkammer haben dieses Fremdprojekt nicht nur getragen, sondern intensiv mitgestaltet.

Uns war es wichtig, dass dieses Buch als eine Art Festschrift einem breiten Publikum Mathilde und ihr Lebensumfeld erschließt, damit es sich der der weit zurückreichenden, lokalen Historie besinne. Essen verfügt über eine glanzvolle Geschichte und es war vor allem Mathildes Zeit, auf die sich das Stift Jahrhunderte lang immer wieder berief.

Dr. Birgitta Falk
Domschatzkammer Essen

Prof. Dr. Andrea von Hülsen-Esch
Institut für Kunstgeschichte
Heinrich-Heine-Universität Düsseldorf

Anmerkungen

1. *Abstulit et de regali stemmate gemmam Machtildam abbatissam, Liudolfi filiam.* Quedlinburger Annalen, MGH, SS III, S. 80.

Mathilda *mater ecclesie nostre*
Mathilde und Essen

Birgitta Falk

Im Jahre 2000 fand in Essen die erste Tagung des frisch gegründeten Essener Arbeitskreises zur Erforschung der mittelalterlichen Frauenstifte statt, der die Untersuchung dieser Form religiöser Gemeinschaften wesentlich gefördert hat. Die mit großer Regelmäßigkeit erscheinenden Tagungsbände, das Netzwerk von Forschern und die große Ausstellung »Krone und Schleier« im Essener Ruhrlandmuseum 2005 haben viele neue Erkenntnisse ans Licht gebracht, von denen die Forschung zum Essener Stift besonders profitiert. In der Einleitung zur ersten Veröffentlichung erläuterte Thomas Schilp die Aufgabe des Arbeitskreises, indem er eine Vision der Situation in Essen um das Jahr 1000 hervorrief:

> Ein Reisender sah, »sich Essen nähernd, eine stattliche Ansammlung von repräsentativen Gebäuden, in deren Mitte die Münsterkirche, der heutige Dom, mit den Nebengebäuden stand. Die Architektur wird ihm Respekt und Ehrfurcht eingeflößt haben, auf jeden Fall aber führte sie ihm deutlich vor Augen, dass die Frauengemeinschaft in Essen ihre Bestimmung und ihre Identität im Gebet und Gottesdienst hatte. Beim Anblick des mächtigen Westbaus der Münsterkirche wurde ihm darüber hinaus deutlich gemacht, dass die Frauengemeinschaft in Essen offensichtlich mehr war, denn in der Sprache der Architektur drückt die Dreiturmgruppe des Essener Westbaus [...] als Bauprogramm eine ›neuartige Einheit von Herrschaftsrepräsentation und Sakralarchitektur‹ aus. Beim Betreten der Kirche, beim Besuch der umfangreichen Bibliothek, bei der Kenntnisnahme des wertvollen Kirchenschatzes mit Kleinodien und Zimelien, spätestens bei dem Gebet vor den zahlreichen und herausragenden Reliquien der Münsterkirche wird dem Reisenden nahe gebracht, dass es sich in Essen um eine der zentralen Institutionen der Region [...] handeln muss. Die Frauengemeinschaft war wie eine vergleichbare Männergemeinschaft – denken wir nur an das

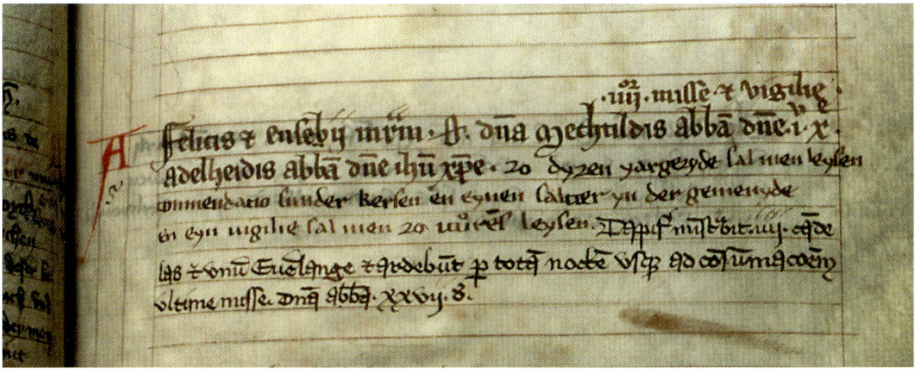

Eintrag zum 5. November, dem Todestag Mathildes, im Nekrolog des Essener Frauenstiftes, Ende 13. Jahrhundert, Domschatz Essen, Hs 20, 66r (131)

> nahegelegene Kloster Werden – ein zentralisierender Brennpunkt der mittelalterlichen Gesellschaft von Glaube und Welt. Ihre weitreichende Bedeutung für das gesellschaftliche Leben, ihre Einbeziehung in die Welt der Großen und in die Politik des Königtums, ihre Wirkung auf die Menschen, kurz: ihre Rolle im Prozess der Akkulturation, in dessen Verlauf sich die Gesellschaft des Frühmittelalters als christliche formierte, soll durch dieses Buch untersucht werden, um Essen als Frauengemeinschaft den ihr gebührenden Stellenwert zuzuweisen.«[1]

Dieses Ziel gilt auch für das hier vorgelegte Begleitbuch zur Ausstellung »VergESSEN? Prinzessin Mathilde – Äbtissin von Essen«. Dass Essen im Jahre 1000 solch einen Eindruck gemacht haben muss, ist in besonderem Maße einer Frau zu verdanken, die damals bereits seit über 27 Jahren im Amt war und noch bis 1011 amtieren sollte, Äbtissin Mathilde. Ihr Todestag jährt sich in diesem Jahr am 5. November zum 1.000 Mal. Mathildes Regierungszeit war die Glanzzeit des Essener Stifts.

Mathilde wurde im Jahre 949 geboren, als Tochter der Ida und Liudolfs von Schwaben, ältestem Sohn des sächsischen Königs Otto I. aus dessen Ehe mit der englischen Königstochter Edith. Mathildes jüngerer Bruder Otto, der spätere Herzog von Schwaben und Bayern, wurde 954 geboren. Ihr Großvater

Otto war 936 als erster Herrscher in Aachen zum König gekrönt worden, 962 erfolgte seine Kaiserkrönung. Mathilde wird erstmals 973 in einer Urkunde als Essener Äbtissin erwähnt. Damals war sie ca. 24 Jahre alt. Essen war bereits einige Jahrzehnte zuvor in den Einflussbereich der ottonischen Familie gekommen, die auch Liudolfinger genannt wurden. So war Mathildes Vorgängerin eine Äbtissin Ida, über die wir wenig wissen. Jedoch ist Ida ein Name, der bei den Liudolfingern häufig vorkam. Durch die Verwandtschaft der jungen Äbtissin Mathilde mit dem Kaiserhaus stieg Essen zu einem herrschernahen Stift auf.

Mathilde erlebte die Regierung von vier Königen bzw. Kaisern. Otto I. war ihr Großvater, dessen Sohn Otto II. ihr Onkel, Otto III. war ihr Cousin. König Heinrichs II. Großvater war ein Bruder Ottos des Großen. Man kann davon ausgehen, dass sie diese Familienmitglieder persönlich kannte, darüber hinaus einen großen Teil der Führungsschicht des ottonischen Reiches. Sie reiste vermutlich häufig, um das Stift bei wichtigen Ereignissen politischer und kirchlicher Natur zu vertreten. Sie bewegte sich auf Augenhöhe mit den Bischöfen, die wichtige Bauten und Kunstwerke der ottonischen Zeit hinterlassen haben: Gero von Köln, Egbert von Trier, Willigis von Mainz, Notker von Lüttich und Bernward von Hildesheim.

In Essen war Mathilde als Äbtissin für die Ordnung und würdige Durchführung der Gottesdienste und Stundengebete verantwortlich, in denen die Stiftsfrauen unter anderem für das ihnen anvertraute Seelenheil der Verstorbenen beteten. Als Äbtissin war sie auch Leiterin eines großen landwirtschaftlichen Unternehmens und trug Verantwortung für die Verwaltung des Grundbesitzes, die Überwachung der Abgaben, die Organisation des Stifts, die Seelsorge in ihrem Amtsbezirk.

Die Spannung zwischen geistlichem Amt und familiärer Stellung macht die Besonderheit der ottonischen Äbtissinnen aus. Sie bekleideten ihre Ämter zum Vorteil ihres Familienverbandes. Mathildes Nachfolgerinnen in Essen waren ebenfalls königliche Prinzessinnen, Sophia, eine Tochter von Otto II., war von 1011 bis 1039 Äbtissin von Gandersheim und Essen; Mathildes Großnichte Theophanu, die 1039 bis 1058 Essen vorstand, war eine Enkelin Ottos II. Mehrere von Theophanus Schwestern bekleideten ein geistliches Amt. Das Stift Quedlinburg wurde bis 999 von der einflussreichen Mathilde geführt, einer Tochter Otto des Großen und damit Tante der Essener Mathilde. Sie

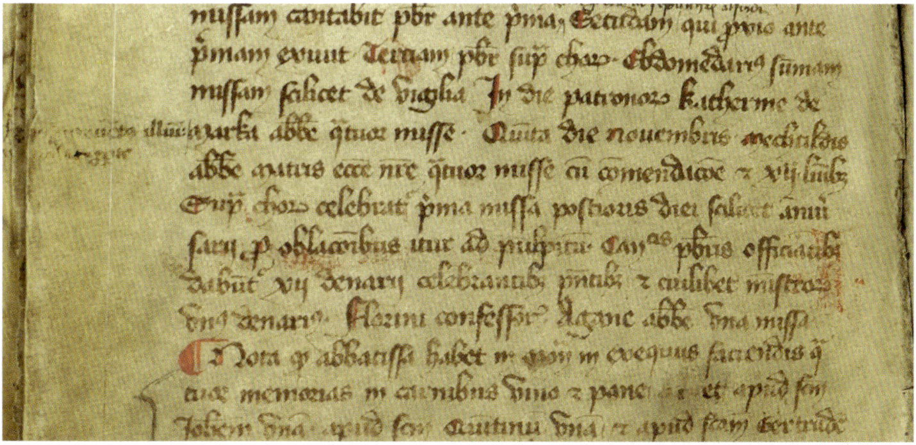

Eintrag im Essener *Liber ordinarius* mit Angaben zur jährlichen Gedächtnisfeier Mathildes, Ende 14. Jahrhundert, Domschatz Essen, Hs 19, fol. 130

alle verbanden die Interessen der Dynastie mit denen der Institution, der sie vorstanden.

Auch die gebildete und offenbar mit organisatorischen und planerischen Fähigkeiten ausgestattete Essener Mathilde wusste beiden Ansprüchen gerecht zu werden und sorgte darüber hinaus für ihr eigenes Gedächtnis nach dem Tode, ihre *memoria*. Ein besonderes Beispiel dafür liefert der heute verlorene Marsusschrein. Der um 1000 in der Essener Goldschmiedewerkstatt entstandene Reliquienschrein sollte das Andenken an den 983 in Italien verstorbenen Kaiser Otto II., den Onkel Mathildes, wachhalten. Dies war umso wichtiger, als er in der Peterskirche in Rom bestattet war. Sein Grab war für die Hinterbliebenen der Familie daher nur unter großen Mühen erreichbar und geriet in Rom zudem bald in Vergessenheit. Mathilde ließ den Schrein, in dem Reliquien des heiligen Märtyrers Marsus geborgen wurden, offenbar in Verbindung mit Ottos Witwe Theophanu anfertigen, wie aus den Inschriften hervorgeht. Ein großes Emailbild auf einer der Schmalseiten des prächtig ausgestatteten Schreins stellte den Kaiser dar. Sein Andenken wurde also diesseits der Alpen mit Essen in Verbindung gebracht, was für das Prestige des Stifts von hoher Bedeutung war. Gleichzeitig ließ sich Mathilde auf dem Schrein mit Namen mehrfach nennen. Die Inschrift »Die Herrin Mathilde befahl, mich zu fertigen« benennt sie als Auftraggeberin eines der größten und kostbarsten Reliquienschreine seiner Zeit.

Bemerkenswert sind ebenso die deutlichen Bezüge zu der 936 installierten königlichen Krönungsstätte in Aachen. Das von Mathilde geschenkte Otto-Mathilden-Kreuz im Essener Domschatz ist formal und inhaltlich eng verwandt mit dem Lotharkreuz im Aachener Domschatz. Auch der Westbau des Essener Münsters nimmt Bezug auf die Architektur des karolingischen Oktogons in Aachen. Das Essener Schwert weist ebenfalls in Richtung Königtum. Die kostbare Waffe, ein fürstliches Kampfschwert, wurde um 1000 in Essen mit einer Art Reliquienhülle geschmückt. Möglicherweise stammte es aus dem Besitz von Otto II., was erklären würde, warum es lange Zeit im Marsus-Schrein aufbewahrt wurde.

Mathilde hat große Verdienste als Bauherrin, als Auftraggeberin für Werke der Goldschmiedekunst, des Bronzegusses und für ein Geschichtswerk. Sie spielte zudem eine Rolle bei der Entstehung der mittelalterlichen Großplastik. Aus der Zeit vor 1000 sind nur sehr wenige Skulpturen bekannt. Zwei davon entstanden unter Beteiligung Mathildes: das Aschaffenburger Kruzifix und die Goldene Madonna in Essen. Mathilde kannte sicherlich das Gero-Kruzifix im Kölner Dom. In Essen hatte ihre eigene Vorgängerin Ida ein großes, mit Gold und Edelsteinen verziertes Kreuz mit Kruzifix auf eine antike Säule inmitten der Stiftskirche gestellt. Diese Vorbilder vor Augen, ließ Mathilde den großen Holzkruzifixus in Aschaffenburg fertigen und in Essen die älteste erhaltene vollplastische Mariendarstellung der Christenheit.

Mathilde starb am 5. November 1011 im Alter von 61 oder 62 Jahren nach einer Amtszeit von beinahe 40 Jahren. Ihr Tod findet Niederschlag in den Quedlinburger Annalen sowie in den Totenbüchern Vredens und Merseburgs. Im Essener Stift wurde ihr Andenken in hohen Ehren gehalten. Ihre Nachfolgerin Theophanu ließ über ihrem Grab eine neue Krypta als Gedächtnisbau errichten. Im Andenken an Mathilde gab Theophanu das jüngere Mathildenkreuz in Auftrag und stattete es mit hochrangigen Reliquien aus.

Das älteste Essener Totenbuch, Ende des 13. Jahrhundert angelegt, führt Mathilde unter dem 5. November und vermerkt: »Es starb die Herrin Äbtissin in Jesus Christus. Vier Messen und Vigilien.«[2] Dem Essener *Liber Ordinarius*, einem Regelbuch für die Gottesdienste im Stift, das am Ende des

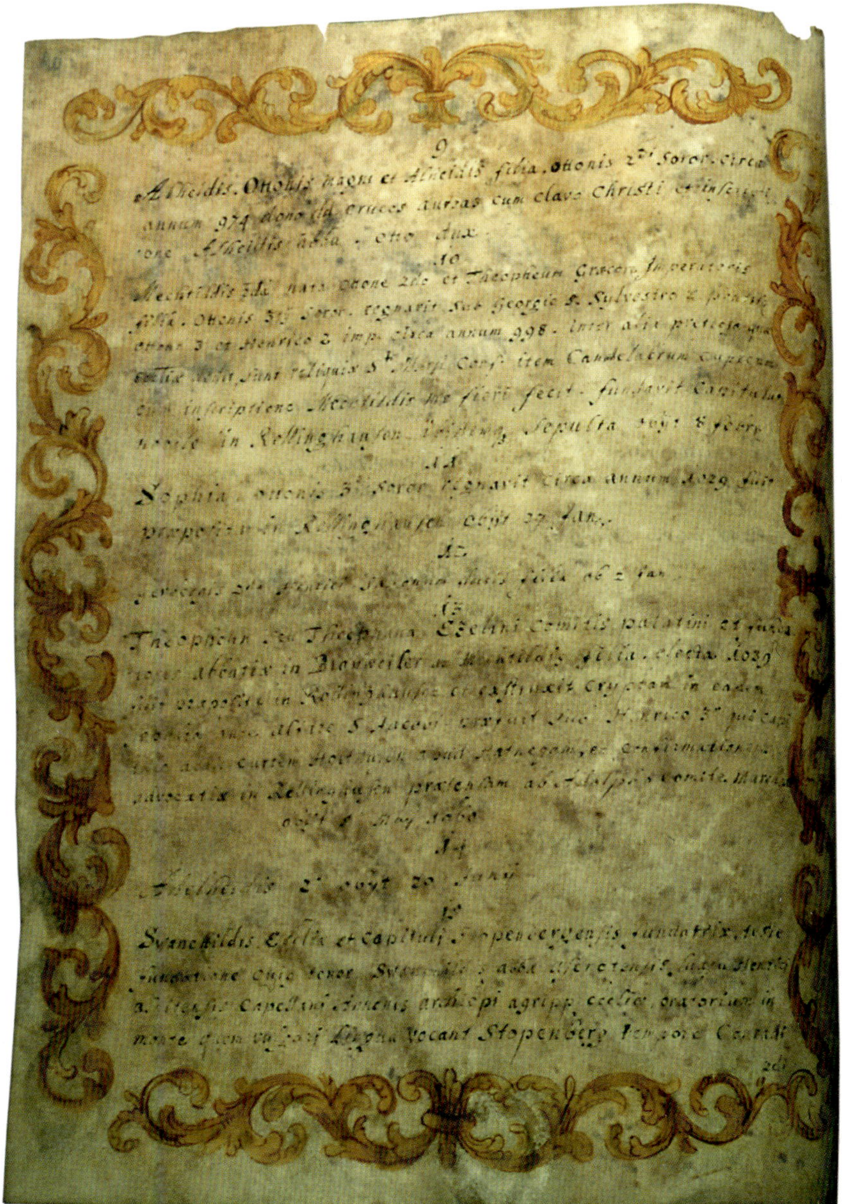

Eintrag zu Mathilde im Essener Äbtissinnenkatalog von 1727, Domschatz Essen, Hs 31

14. Jahrhunderts niedergeschrieben wurde, ist zu entnehmen, dass das Jahrgedächtnis mit vier Messen und zwölf Kerzen gefeiert wurde. Der Drost des Stifts hatte für die Beleuchtung am Grabe zu sorgen. Hier wird Mathilde auch als *mater ecclesie nostre*, Mutter unserer Kirche, bezeichnet.[3]

Am Ende des 14. Jahrhunderts, zur Zeit, als der *Liber ordinarius* geschrieben wurde, nahm Mathilde im kollektiven Gedächtnis des Stifts noch immer eine herausgehobene Stellung ein. Die späteren Äbtissinnenkataloge nennen sie durchweg, jedoch häufig nicht mit der korrekten Abstammung. Es blieb den Historikern des späten 19. Jahrhunderts vorbehalten, sie wieder richtig genealogisch einzuordnen und als Urheberin von ottonischem Neubau und zahlreichen Kunstwerken wieder zu entdecken.

Dennoch hätte Mathilde auch in den wechselvollen Zeitläufen durch Krieg, Zerstörung oder Geringschätzung in Vergessenheit geraten können. Es ist ein großer Glücksfall der Geschichte, dass sich nach 1.000 Jahren so vieles aus ottonischer Zeit erhalten hat, das an die glanzvolle Zeit des Essener Frauenstifts und an Mathilde erinnert.

Anmerkungen

1. Schilp 2000, S. 9.
2. *O(biit) D(omi)na. Mechtildis abba(tissa) Dne. iu. Xe. IIII*[or]. *misse et vigilie*. Essener Nekrolog, Domschatz Essen, Hs. 20, fol. 66r (131).
3. »*Quinta die Novembris Mechthildis abbatisse matris ecclesie nostre quatuor misse cum commendatione et duodecim luminibus.* Liber ordinarius, Domschatz Essen, Hs. 19, fol. 130.

Essener Zeremonialschwert
mit Scheide, Schwert: 3. Viertel
10. Jahrhundert, Scheide: um 1000,
Abbildung: um 1950, Domschatz Essen,
Inv. Nr. 13

Das Essener Frauenstift im Frühen Mittelalter

Die Frühzeit des Essener Stifts

Huong Tran

Als Mathilde zwischen 971 und 973 ihr Amt antrat, wurde sie neunte Äbtissin des Essener Frauenstifts. Dessen Gründung lässt sich bereits auf um 850 datieren und wurde von einer Gruppe Adeliger unter der Führung des Hildesheimer Bischofs Altfrid und dessen Schwester Gerswid, der ersten Äbtissin des neuen Stifts, angestoßen. Die Stiftskirche wurde Christus Salvator, der Jungfrau Maria sowie den heiligen Cosmas und Damian geweiht. Später verdrängten Cosmas und Damian den Erlöser als Kirchenpatron.

Was fand Mathilde im Stift vor, als sie gut 120 Jahre nach dessen Gründung ihr Amt antrat? Der Ursprungsbau der Stiftskirche war ein dreischiffiges Langhaus mit erhöhtem Mittelschiff, dem sich westlich eine annähernd quadratische Vorhalle und östlich das Querhaus mit anknüpfendem Hauptchor und halbrunder Apsis anschlossen. Seitlich des Chores befanden sich zwei rechteckige Nebenchöre, die sich zu den Seitenschiffen hin öffneten. Zu dem

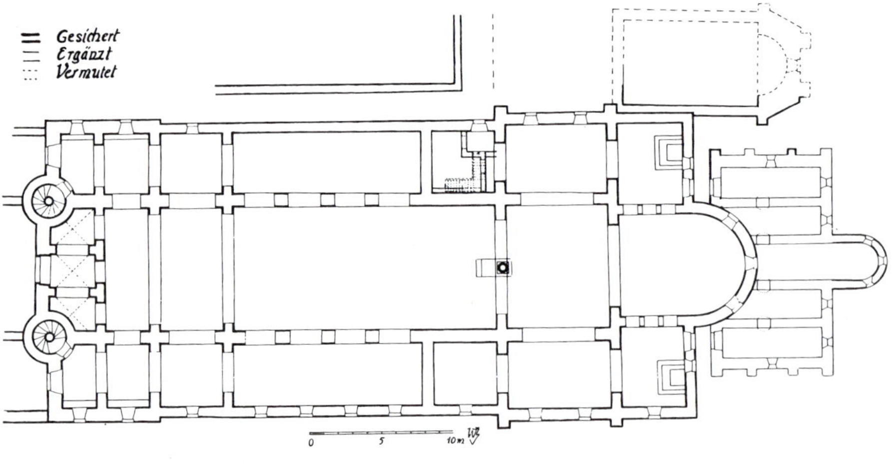

Rekonstruierter Grundriss der frühottonischen Kirche nach Walther Zimmermann

Inschriftenplatte vom Ida-Kreuz, »Äbtissin Ida befahl, dieses Kreuz zu machen«, Rheinland, 3. Viertel 10. Jahrhundert, Domschatz Essen, Inv. Nr. 9

Gründungsbau gehörte ein Kreuzgang, der nördlich des Münsters lag. Dieser umschloss mit seinem Ost-, Süd- und Westflügel einen rechteckigen Innenhof. Der Nordflügel wurde erst 1954/55 als Verbindungsgang ausgestaltet.

Nach einem Brand im Jahre 946, der große Teile des Stifts sowie das Urkundenarchiv beschädigte, leitete Äbtissin Hadwig die Wiederherstellungsarbeiten ein. Im Zuge des Wiederaufbaus wurde hinter der Apsis eine Außenkrypta ergänzt und die westliche Vorhalle durch einen Westbau ersetzt. Hadwig war die bedeutendste Äbtissin vor Mathilde. Ihre Amtszeit soll 48 Jahre betragen haben und ist vergleichsweise gut dokumentiert. Neben ihren umfassenden Bautätigkeiten an der Essener Stiftskirche war es vor allem ihr reichspolitisches Engagement, das ihr Wirken für das Stift bedeutsam werden ließ. Hadwig ist es u. a. zu verdanken, dass Essen bereits 947 durch ein Diplom König Ottos des Großen der Status eines Reichsstifts bestätigt wurde. Darüber hinaus wurde die Frauengemeinschaft 951 durch eine Urkunde Papst Agapitus II. direkt der päpstlichen Gerichtsbarkeit unterstellt und ihr wurde die freie Äbtissinnenwahl zugesichert.

Somit hatte sich das Essener Frauenstift bereits vor dem Amtsantritt Mathildes zu einem wohlhabenden und angesehenen Konvent entwickelt. Dies belegen zahlreiche Zuwendungen, wie die Schenkungen des Hofes Beeck bei Duisburg durch Herzog Otto von Sachsen, den Großvater Otto des Großen, um 900 und die des Hofes Ehrenzell durch Otto den Großen 966. Obwohl das Stift oft äußeren Einflüssen, wie den Machtansprüchen verschiedener Parteien oder aber auch dem Stiftsbrand im Jahre 946 ausgesetzt war, schaffte es die Gemeinschaft doch, sich über die Jahre zu behaupten. Als Mathilde das Stift übernahm, fand sie gute Voraussetzungen vor, die es ihr ermöglichten, das Stift weiter auszubauen.

Bereits vor Mathilde gab es in Essen bedeutende Kunstwerke. Als Beispiel sei das Ida-Kreuz genannt. Ida, die direkte Vorgängerin Mathildes, ließ ein metallbeschlagenes Kreuz mit Kruzifix für die antike Säule anfertigen, die noch heute im Chor des Domes steht. Bis ins 15. Jahrhundert hinein trug die Säule das Kreuz. Heute sind nur noch eine Inschriftenplatte und Relieffragmente im Essener Domschatz erhalten. Die dreizeilige Inschrift nennt Äbtissin Ida († 971) als Auftraggeberin. Bis zu seinem Verlust war das Kreuz eines der ältesten Großkreuze des Mittelalters.

Literatur

Bodarwé 2004; Derks 1995; Falk 2009, S. 56 f. (Sonja Hermann); Falk 2011; Gerchow 2002; Küppers 1963, S. 43–64; Küppers/Mikat 1966; Lange 2001; Schilp 2000; Schilp 2002a; Schilp 2005; Zimmermann 1956.

Was ist ein Frauenstift?

Jens Lieven

Im mittelalterlichen Kirchenrecht bezeichnete der Begriff ›Stift‹ eine geistliche Gemeinschaft mitsamt ihrer Kirche, unabhängig davon, ob eine Kommunität von Weltgeistlichen oder eine Frauengemeinschaft gemeint ist. Mitglieder von Frauengemeinschaften – Kanonikerinnen, Kanonissen, Sanctimonialen oder Stiftsfrauen genannt – lebten nicht wie Nonnen nach einer Ordensregel, sondern ohne Gelübde. Alle jedoch lebten aus dem Vermögen ihrer Kirche. Eine begriffliche Unterscheidung der geistlichen Frauen in Kanonikerinnen und Nonnen entsprechend der für Männer üblichen Unterscheidung von Mönchen (*monachi*) und Kanonikern bzw. Klerikern (*clerici*) ist bis in das zweite Jahrzehnt des 9. Jahrhunderts in den Quellen nicht auszumachen.

Im Jahre 755 begegnen allerdings in den Akten der Synode von Verdun neben Nonnen (*monachae*), für die ein regelgerechtes Leben in einer Klausur vorausgesetzt wird, auch »verschleierte Mägde des Herrn« (*ancillae Dei velatae*). Sie sollten unter kanonischer Ordnung (*sub ordo canonice*) leben. Damit war jedoch keine bestimmte Regel gemeint, sondern eine allgemein ordnungsgemäße, an den Bestimmungen und Gewohnheiten der Kirche orientierte Lebensführung. Das Herstaler Kapitular Karls des Großen begnügt sich im Jahr 779 damit, für geistliche Frauengemeinschaften (*monasteria puellarum*) die Wahrung der heiligen Ordnung zu fordern. Ausdrücklich erwähnt werden Kanonikerinnen erstmals zum Jahr 813 in den Ermahnungen der Konzilsväter von Chalon-sur-Saône (*sanctimoniales, quae se canonicas vocant*). Darin stehen vor allem Fragen der Klausur, d. h. dem eng umgrenzten, für Außenstehende unzugänglichen Lebensbereich geistlicher Gemeinschaften, im Mittelpunkt.

Auf der Synode von Aachen (816–819) wurden umfassendere Richtlinien für das Leben der Kanonikerinnen erlassen. Diese an Texten der Kirchenväter und an der Benediktsregel orientierten Vorschriften, die im gesamten Frankenreich Geltung besitzen sollten, zielten auf die Trennung zweier religiöser

Lebensformen (*ordines*) für Frauen ab. Doch ist auch nach 816 nicht ohne Weiteres zwischen Nonnen und Kanonissen, zwischen Frauenkloster und -stift, zu unterscheiden. Denn während man in Aachen für die geistlichen Gemeinschaften der Männer Texte für Mönche (*Regula Benedicti*) und für Kanoniker (*Institutio canonicorum*) verabschiedete, wurde für Frauenkonvente nur die »Anordnung für Kanonikerinnen« (*Institutio sanctimonialium*) erlassen. Die *Institutio* unterscheidet sich in mancher Hinsicht kaum von der Benediktsregel, lässt aber auch deutliche Unterschiede erkennen. So weist sie beträchtliche Gestaltungsspielräume auf. Sie fordert zwar keinen Verzicht auf persönlichen Besitz, privates Eigentum und Vermögen, lässt ihn aber durchaus zu. Sie hält am gemeinsamen Leben (*vita communis*) fest, macht es durch Speisesaal (*refektorium*) und Schlafsaal (*dormitorium*) zum festen Bestandteil. Zugleich räumen die Vorschriften die Möglichkeit ein, innerhalb der Klausur über eigene Wohnungen (*propriae mansiunculae*) zu verfügen.

Zusätzlich zum gemeinsamen Gebet, das den Tagesablauf strukturierte, besaßen Frauenstifte öffentliche Funktionen. Dabei spielten auch Erziehung und Bildung von Laien eine erhebliche Rolle. Unterwiesen wurden die Kanonissen in praktischen Fähigkeiten und Handarbeiten sowie im Lesen und Schreiben. Zum christlichen Grundwissen – den Inhalten von Bibel, Psalter und Gebeten – kam die Lektüre von Heiligenlegenden, die Auseinandersetzung mit Texten der Kirchenväter (Augustinus, Gregor der Große u. a.) und anderer frühchristlicher Autoren (Prudentius, Isidor, Boethius) hinzu. Nicht unüblich war zudem die Kenntnis heidnischer Schriftsteller (Ovid, Terenz, Vergil).

So waren Frauenstifte auch Stützpunkte einer inneren Christianisierung, indem sie kulturell und politisch eine jeweils für die Region zentrale Funktion übernahmen. Viele Frauengemeinschaften standen in engen Beziehungen zum hohen Adel des Reiches, der Frauenkonvente gründete, um eigene Besitz- und Herrschaftsrechte zu verdichten. In diesen Zusammenhang gehören vermutlich auch die Anfänge des Essener Stifts, das Mitte des 9. Jahrhunderts von einer sächsischen Adelsgruppe mit dem Hildesheimer Bischof Altfrid und der ersten Essener Äbtissen Gerswid an der Spitze gegründet wurde. Ob die Gründung der Essener Frauengemeinschaft auf Eigengut des Bischofs Altfrid vollzogen wurde, wie aus einer Ende des 11. Jahrhunderts gefälschten, allem Anschein nach auf echten Vorlagen aus der zweiten Hälfte des 9. Jahrhunderts

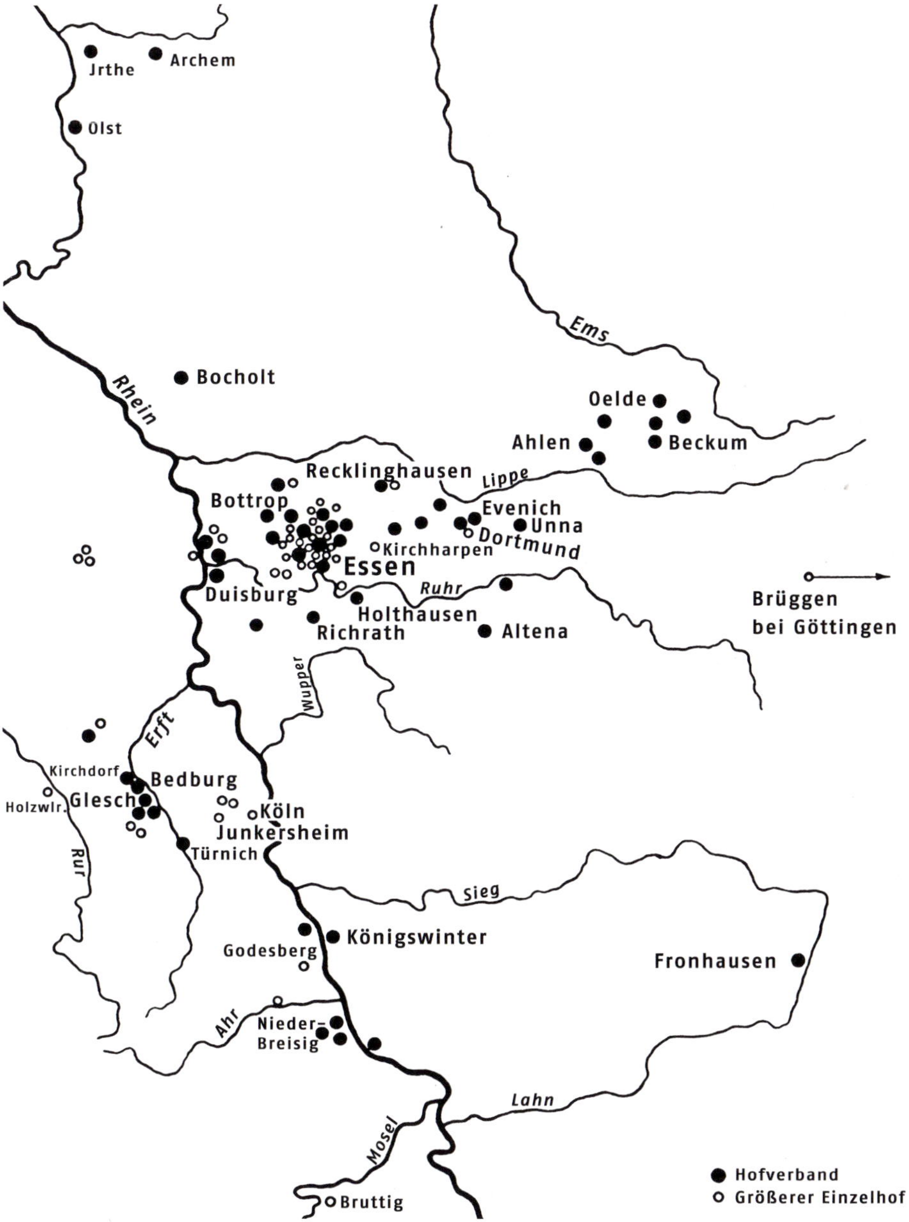

Der Grundbesitz des Stiftes Essen im Hochmittelalter

zurückgehenden Urkunde hervorgeht, ist nicht mit Sicherheit zu ermitteln. Die Bestattung des bischöflichen Leichnams in Essen und die Aufnahme Altfrids in das Gebetsgedenken der Essener Sanctimonialen machen dies aber wahrscheinlich.

Der Bedeutung für den sächsischen Adel und dem damit verbundenen Stellenwert für die Eingliederung des Gebiets zwischen Lippe und Ruhr in das Frankenreich entsprechend stand der Essener Konvent zunächst in engen Beziehungen zu den Karolingern, die das Stift mit umfangreichen Landschenkungen bedachten. Weitere Gunsterweise erhielten die Essener Frauen von den Liudolfingern, die sich schon in spätkarolingischer Zeit für das Stift verwendeten und – alsbald selbst zum ostfränkisch-deutschen Königtum emporgestiegen – zeitweilig die Äbtissin des Konvents stellten. Durch die liudolfingischen Äbtissinnen unterhielt der Essener Konvent unmittelbare Beziehungen zum Königtum, das im Gegenzug für die Aufnahme in das Gebetsgedenken der geistlichen Frauengemeinschaft Privilegien und weitere Schenkungen zuteil werden ließ.

Der umfangreiche Grundbesitz des Essener Frauenkonvents, der auf diese Weise zustande kam, konzentrierte sich zwischen Lippe und Ruhr in der näheren und weiteren Umgebung Essens. Er war grundherrschaftlich in Form der Villikationsverfassung mit zahlreichen Fronhöfen und abhängigen Bauernhufen organisiert. In unmittelbarer Nachbarschaft zum Stift lagen zwei der größten Fronhofverbände: der Viehof und der Hof Eickenscheidt. Beide Höfe waren die Haupthöfe der grundherrlichen Ordnung; sie bildeten gewissermaßen das wirtschaftliche Rückgrat des Stifts und dienten mit ihren weit über 100 Unterhöfen dem Unterhalt der Kanonikerinnen.

Literatur

Bodarwé 2004; Crusius 2001; Ehlers 2007; Felten 2004; Parisse 1992; Rösener 2005; Schilp 1998.

Essen als ottonisches Hausstift

Maren Horst

Die Entstehung der Klöster und Stifte in Sachsen beginnt mit der christlichen Missionierung dieses Landstriches im 8. Jahrhundert. Dabei handelt es sich nicht um das heutige Bundesland Sachsen, sondern um das Sachsenreich, wie es unter den Karolingern und daran anknüpfend unter den Ottonen bestand. Dieses Reich erstreckte sich vom Niederrhein bis östlich der Elbe.

Die erste regelrechte Welle von Gründungen religiöser Gemeinschaften setzte 772 mit dem Beginn der Sachsenkriege unter Karl dem Großen ein. Zwischen 777 und 973 gab es insgesamt 90 bekannte Klostergründungen. Etwa die Hälfte davon – 42 an der Zahl – waren Frauenkonvente.

Die Quellenlage dieser frühen relgiösen Gemeinschaften ist problematisch. Von vielen gibt es nahezu keine schriftlichen Überlieferungen. Nur für sechs Orte (Quedlinburg, Gandersheim, Essen, Freckenhorst, Herford und Gernrode) existieren zeitnahe, erhaltene Handschriften, Urkunden, Chroniken und Viten.

Gandersheim, Essen und Quedlinburg nehmen unter allen Frauengemeinschaften einen Sonderstatus ein. Sie sind Zeugen des Aufstiegs der Ottonen, ihrer Blütezeit und schließlich ihres Niederganges. Alle drei Stifte dokumentieren eindrucksvoll die ottonische Familien- und Herrschaftspolitik anhand von Architektur, Ausstattung und schriftlichen Zeugnissen. Im Zeitalter des Reisekönigtums waren die drei Orte Anlaufpunkte für Herrscher und Schauplatz kirchlicher Feste wie auch bedeutender politischer Ereignisse.

Das Amt der Äbtissin wurde in diesen Konventen in ottonischer Zeit mit Liudolfingerinnen besetzt, die ein nicht zu unterschätzendes Maß an Einfluss ausübten. Häufig wurden diese Gemeinschaften von Herrschern und Adligen mit beträchtlichem Grundbesitz ausgestattet, dessen wirtschaftliche und rechtliche Vorzüge sie nutzten. Darunter fielen z. B. Jagd- und Fischereirechte, Zollrechte und das Prägen eigener Münzen. Ihre wichtigste Aufgabe war jedoch das fürbittende Gebet für die Lebenden und die Toten der Familie.

Man spricht in dieser Zeit vom ottonisch-salischen Reichskirchensystem. Die Politik war darauf ausgelegt, neben den politischen Positionen auch möglichst viele hohe geistliche Ämter mit Familienmitgliedern zu besetzen. Die dafür nötige Bildung erhielten die Kinder – Jungen wie auch Mädchen – in kirchlichen Institutionen an verschiedenen Standorten im Reich.

Das älteste der drei Stifte war Gandersheim. Es wurde von Liudolf, dem Stammvater der Ottonen, und seiner Frau Oda gegründet. Die Familie tritt erstmals im Zusammenhang mit der Stiftung in Erscheinung. Um 850 wurde die Errichtung einer Anlage begonnen, deren Kirche als Familiengrabstätte der Liudolfinger dienen sollte. Der erste Bau befand sich im nahe gelegenen Brunshausen und wurde erst um 856 nach Gandersheim verlegt. Die Patrone der geistlichen Frauen waren Johannes der Täufer und die beiden Märtyrer-Päpste Anastasius und Innozenz. Die älteste Tochter Liudolfs – Hathumod – wurde von Bischof Altfrid von Hildesheim zur ersten Äbtissin des Stifts ernannt. Auch ihre zwei Schwestern traten in die Gemeinschaft ein.

Der karolingische Kirchenbau erfuhr im Laufe der Jahrhunderte viele Umbauten. Dennoch lässt sich die ursprüngliche Baugestalt noch erahnen. Charakteristisch ist z. B. der eindrucksvolle Westbau. Im Inneren der Kirche fanden Liudolf und Oda wie auch ihre drei Töchter Hathumod, Gerberga und Christina ihre letzte Ruhe. Der ursprünglich reiche Kirchenschatz wurde im Laufe der Jahrhunderte weit verstreut. Vor allem aus Geldnot verkauften die Äbtissinnen im 17. Jahrhundert wertvolle Stücke. Ein kleiner erhaltener Teil des einst prächtigen Schatzes kann noch heute in der Stiftskirche in Gandersheim und in der Klosterkirche Brunshausen besichtigt werden.

Die Gründungsgeschichte des Stifts Quedlinburg ist von allen drei Stiften am besten dokumentiert. Mit der Wahl Heinrichs I. zum König des Ostfrankenreichs im Mai 919 gelangte ein direkter Nachfahre Liudolfs auf den Thron. Zur Bekräftigung seiner Macht ließ er in Quedlinburg eine repräsentative Pfalz errichten. Nach seinem Tod im Jahre 936 stiftete seine Witwe Mathilde ein Frauenstift, in dessen Kirche, die den heiligen Dionysius und Servatius geweiht wurde, der König beigesetzt wurde. Am 13. September 936 bestätigte Otto der Große das Stift in einer Urkunde, die als die älteste erhaltene des sächsischen Königs gilt.

Quedlinburg wurde in der Folgezeit reich von Otto I. ausgestattet und war ihm direkt unterstellt. Mathilde stand dem Stift vor, ohne zur Äbtissin gewählt

Die ottonischen Stifte Gandersheim, Quedlinburg und Essen

zu werden. Ihr folgte ihre gleichnamige Enkelin. Politisch rege tätig begleitete diese ihren Bruder Otto II. nach Rom und wurde während des Romzuges Ottos III. von ihm als Stellvertreterin eingesetzt. In den Jahren von 911 bis 1207 wurde das Stift insgesamt 69 Mal von Kaisern und Königen besucht. Besonders darin zeigt sich die große Bedeutung des Quedlinburger Stifts. Vom ursprünglichen, reichen Kirchenschatz ist nur noch ein kleiner Teil erhalten geblieben. Anhand der wenigen wertvollen Stücke, die in der Stiftskirche St. Servatius ausgestellt sind, kann man noch heute die einstige Pracht des Schatzes erahnen.

Aus heutiger Sicht waren Gandersheim, Essen und Quedlinburg ottonische Familienstifte, die von einflussreichen Frauen geleitet wurden. In einer Zeit, in der die Geschichte der Frauen schlecht dokumentiert ist und Frauen per se einen niedrigeren Rang bekleideten als Männer, ragten die Äbtissinnen weit heraus.

Literatur

Ausst.-Kat. Essen/Bonn 2005; Althoff 2003; Bodarwé 2004; Ehlers 2006; Gerchow 2003; Röckelein 2006; Wendland 2010.

Essen im Wegenetz des mittelalterlichen Reichs

Anna Pawlik

Essen lag an mehreren wichtigen Fern- und Königsstraßen des frühen Mittelalters: dem Hellweg, der Kölnischen Straße (*strata coloniensis*) und dem Hileweg. Über diese Straßen wurden Waren transportiert und Truppen bewegt. Besonders der Hellweg war zudem eine wichtige Pilger- und Handelsstrecke. Neben dieser ausgezeichneten Straßenanbindung waren die nahe gelegenen Flüsse Lippe, Emscher und Ruhr Gründe für die wirtschaftlich günstige Lage der Stadt Essen.

Mittelalterliche Handelswege im Ruhrgebiet

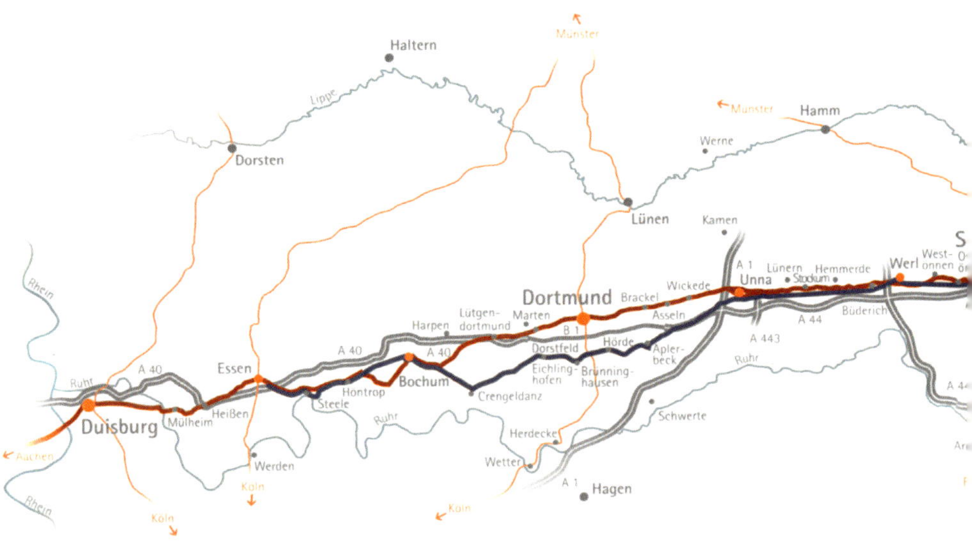

Der Hellweg (niederdt.: helwech: lichter, breiter Weg) bezeichnet eine etwa 200 km lange, westlich gelegene Teilstrecke der mittelalterlichen Fernverbindung von Brügge nach Nowgorod. Der so genannte westfälische Hellweg verband die Siedlungen Duisburg, Dortmund, Soest, Paderborn und Höxter. Zu Fuß musste man für diese Strecke 10 bis 14 Tage einplanen. Grundlage für den Ausbau der Strecke war möglicherweise eine in römischer Zeit genutzte Straße (*strata publica*) vom Rhein bis nach Ostwestfalen. Der Hellweg führte den Mauspfad weiter, eine bereits im 8. Jahrhundert v. Chr. angelegte Handelsstraße vom Rheingau über Siegburg, Köln und Gerresheim nach Duisburg. Im Osten schloss der Fernhandelsweg nach Sachsen und in den Ostseeraum zur Hanse an.

Der Hellweg diente auch als Pilgerweg für die Wallfahrer auf den Jakobswegen nach Santiago de Compostela. Unter Karl dem Großen wurde der Hellweg im 8. Jahrhundert als Missions- und Königsstraße (*via regia*) von Aachen

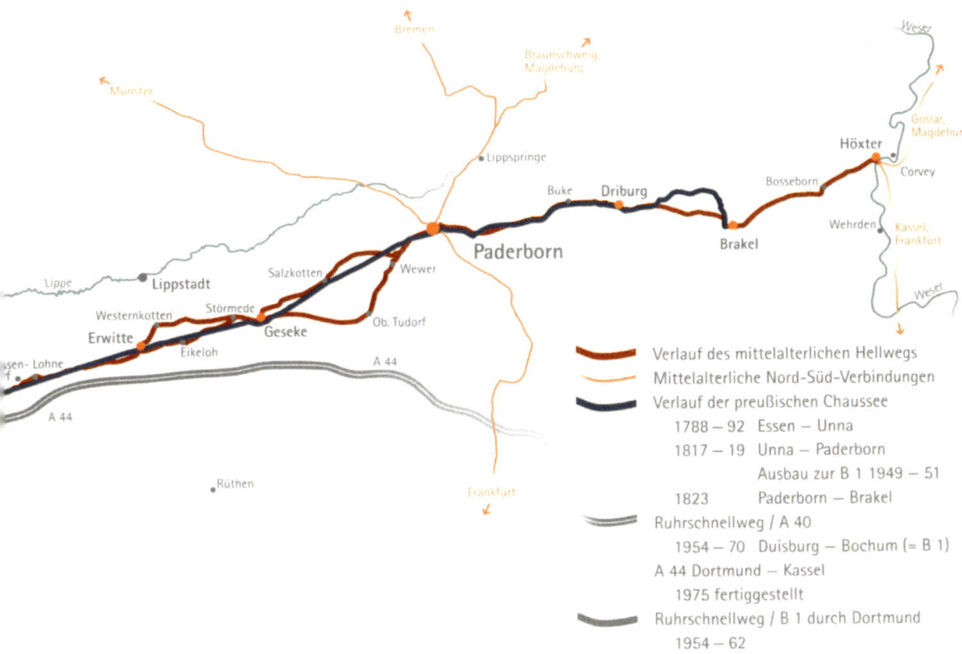

Entwurf: Reinhild Stephan-Masser

aus nach Paderborn als Etappenstraße ausgebaut und mit Burgen und Reichshöfen gesichert. Dabei lagen die wichtigen Pfalzorte ca. 50 km auseinander, getrennt durch jeweils zwei kleinere Etappenhalte, die innerhalb einer Tagesreise zu erreichen waren. Diese hatten als Kirch- und Marktorte strategische Bedeutung. Einer dieser kleineren, besonders in geistlicher Hinsicht wichtigen Orte war Essen.

An Bedeutung verlor der Hellweg erst in der zweiten Hälfte des 11. Jahrhunderts. Nach dem Tod des letzten ottonischen Kaisers Heinrich II. 1024 gelangten die Salier an die Macht und verlagerten das Machtzentrum des Reiches an den Mittelrhein (Speyer, Worms). Die Bedeutung des Hellwegs als repräsentative und politisch wichtige Königsstraße ging deutlich zurück. Wichtig wurde er nun als Post- und Handelsstraße, auf der besonders Salz aus Ostwestfalen und später Erz und Kohle transportiert wurden.

Der Hellweg war eine unbefestigte ›Naturstraße‹. Er verlief meist auf den Höhenzügen der Hügelketten. Die meisten Bäche und Flüsse entsprangen unterhalb des Hellwegs, daher mussten sie nicht aufwendig überquert werden. Auch umging man so die feuchten und oft schlammigen Täler. Der Weg war eine Lanzenlänge (ca. 3 m) breit und musste – wie auch andere wichtige Fernstraßen – von den Anwohnern dauerhaft von Bewuchs frei gehalten werden. Nur innerhalb der Städte, an stark befahrenen Stellen und Kreuzungen, bestand der Hellweg aus sorgsam verlegtem Steinpflaster oder so genannten Knüppeldämmen. Teile des innerstädtischen Hellwegs sind u. a. in Essen, Paderborn und Dortmund archäologisch nachweisbar. So lassen sich noch Fahrrinnen ausmachen und Hufeisen im Pflaster finden, die die rege Nutzung des Weges deutlich machen. Im Bereich des Limbecker Tors in Essen sind mehrere Pflasterschichten übereinander nachweisbar, die eine Nutzung des Weges bis ins 16. Jahrhundert belegen.

Der Hileweg, eine Fernverbindung von den Niederlanden in die Wetterau, kreuzte den Hellweg bei Essen und führte durch das Siegerland und den Westerwald nach Limburg. In Essen kreuzte den Hellweg auch die Kölnische Straße (*strata coloniensis*), eine von Köln kommende und über Hilden und Mettmann nach Münster führende Fernstraße. Sie geht auf eine römische Nord-Süd-Verbindung zurück. Damit war nicht nur die Abtei in Werden direkt an die Strecke angebunden, sondern in einer Entfernung von ca. 9 km auch das Essener Frauenstift.

Probleme bereiteten in der Zeit um 1000 die ehemals gut ausgebauten Straßen aus römischer Zeit, die nur noch bedingt als Transportwege genutzt werden konnten. Nach dem Zusammenbruch des römischen Reiches im 5. Jahrhundert fehlte die Institution, die die Instandhaltung der Straßen übernahm. Bis in die Zeit um 1000 verfiel das römische Wegenetz zunehmend, obwohl die öffentliche Gewalt durch karolingische Verordnungen zur Unterhaltung der öffentlichen Straßen, der *viae publicae*, verpflichtet war. Zudem boten die römischen Wege, die ursprünglich für die Truppenbewegung zu Fuß gebaut waren, für Pferdewagen und Ochsenkarren im Mittelalter nicht den notwendigen ›Reisekomfort‹. Die großen, rechteckigen Steinquader waren für Pferde und Wagen ungeeignet, zu groß waren die Zwischenräume, zu uneben die Straße. Ein wichtiges Charakteristikum römischer Straßen, ihre gerade, nach Luftlinie ausgerichtete Streckenführung ohne Rücksicht auf das Geländerelief, war mit zahlreichen Brücken, Dämmen und stützenden Unterbauten wartungsintensiv und für mittelalterliche Bedürfnisse ungeeignet. Die mittelalterlichen Wege führten daher meist direkt neben der alten römischen Straße entlang oder wurden neu angelegt.

Die wirtschaftliche Situation Essens wurde durch die geografische Lage zwischen den Flüssen Lippe, Emscher und Ruhr begünstigt. Sie waren die wichtigsten Verkehrs- und Handelswege. Sowohl Alltags- und Luxuswaren als auch Baumaterialien, wie der Ruhrsandstein, konnten über diese Wasserwege per Schiff ins Landesinnere gelangen. Die Ruhr band dabei die ihr nahe gelegenen Städte an die Handelsmetropole Köln an, die durch ihre direkte Lage am Rhein bedeutendster Umschlagplatz für Waren aus der ganzen Welt war.

Literatur

Ausst.-Kat. Essen 1997; Ausst.-Kat. Unna 2000; Esch 2004, S. 65–80; Hömberg 1967a; Leidinger 1990; Nicke 2001; Ohler 2001.

Archäologische Funde aus der Zeit um 1000

Detlef Hopp

Im Jahr 1992 wurde in Essen die Stadtarchäologie eingerichtet. Seither konnten neue Erkenntnisse gewonnen werden, welche die älteren archäologischen Befunde Egon Kahrs' und Walther Zimmermanns nicht nur ergänzen, sondern teilweise zugleich berichtigen. Beispielsweise wurde 1992 im Kreuzgang des Domes ein etwa 7×7 m großes Areal untersucht. In dieser Fläche kamen verschiedene mittelalterliche Laufhorizonte, deren ältester allem Anschein nach bis in die Gründungszeit des Stiftes zurückreicht, und noch ältere Funde aus vorstiftischen Zeiten zu Tage.

Blick in den Kreuzgang während der Untersuchung 1992

Für den Burgplatz brachte eine Neubearbeitung der 1942 ergrabenen Funde zusätzliche Erkenntnisse. Damals wurden unter anderem massive Gebäudemauern, Reste von Holzbauten sowie ein aus einem Eichenstamm gefertigter Brunnen, der im 10. Jahrhundert verfüllt worden war, gefunden. Diese Spuren interpretierte man noch in den 1990er Jahren als Überreste eines Gehöftes. Den Proportionen des großen Steingebäudes (mind. 18 × 21 m) vergleichbar scheinen aber eher Türme, wie sie in den Besitzungen der Kölner Erzbischöfe in Soest (25 × 25 m, um 1000) und Xanten (27 × 21 m, Bauherr evtl. Erzbischof Brun von Köln, amt. 953–965) auftreten. In Soest und Xanten liegen die Türme jeweils in einer Ecke der Befestigung, wie es auch in Essen der Fall ist. Für den

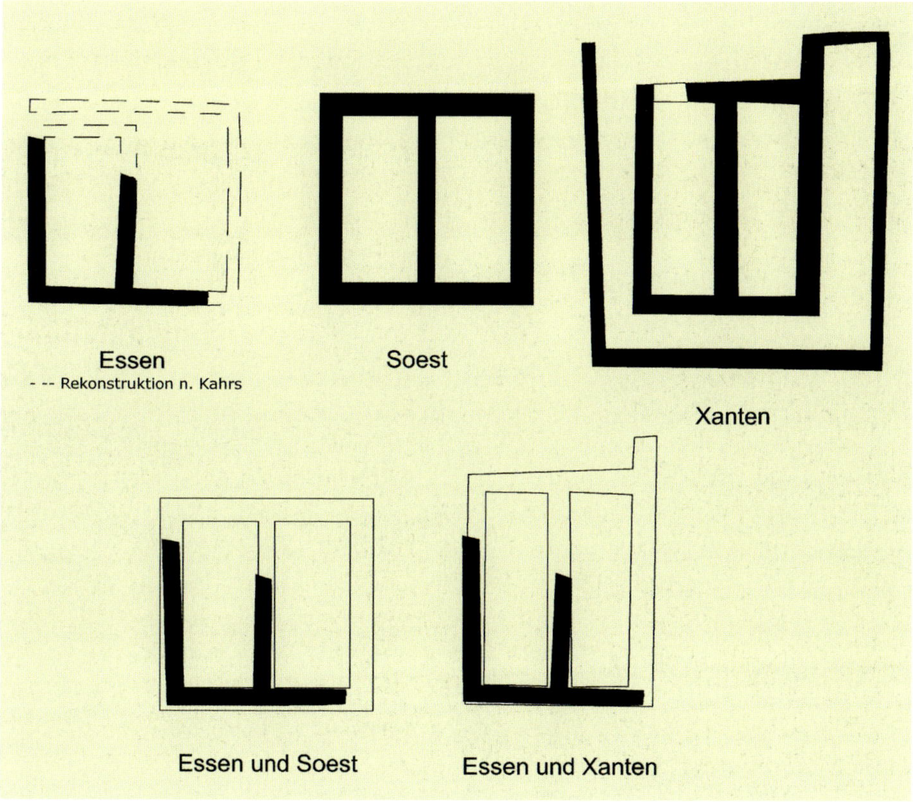

Vergleich der Bauten von Essen, Soest und Xanten

Ottonische Wasserleitung in der Domkirche

Bau auf dem Burgplatz wäre demnach – mit aller Vorsicht – eine Deutung als repräsentatives Gebäude der Äbtissin möglich. Aufgrund neuer Überlegungen könnte dieses Gebäude auch zu Zeiten der Äbtissin Mathilde existiert haben.

Zeitgleich mit dem Westbau, dessen Grundsteinlegung nach Klaus Lange zwischen 997 und 1001 unter Äbtissin Mathilde erfolgt sein muss, entstand auch eine höchst aufwändige Wasserleitung, von der 1996 erneut Überreste freigelegt werden konnten. Sie bestand aus aneinander gefügten Sandsteinblöcken mit darin liegenden Bleirohren und parallel verlaufender Ablaufrinne. Vom heutigen Atrium kommend verlief sie durch den Westbau des Münsters in Richtung Kreuzgang. Die Wasserleitung gehört nach Clemens Kosch »zu den ältesten mittelalterlichen Beispielen dieser an römische Vorbilder anknüpfenden Gattung in Deutschland. Nicht allein Nützlichkeitserwägungen, sondern vor allem das Prestigedenken einer hochadeligen Auftraggeberin waren für ihre Verwendung ausschlaggebend«.

Frühmittelalterliche Gräber in der Kettwiger Straße

2007 wurden beim Umbau der Domschatzkammer auf dem Domhof hochmittelalterliche Gräber entdeckt, weitere Grabstätten konnten 2011 unweit der im 19. Jahrhundert abgebrochenen Quintins-Kapelle nördlich des Domes freigelegt werden. Zwischen 1992 und 1994 stieß die Stadtarchäologie in der Kettwiger Straße bei Kanalbauarbeiten auf weitere interessante Funde. Hier lagen mittelalterliche Gräber des 6./7. bis (spätestens) 12./13. Jahrhunderts unterhalb der jüngeren Spuren der Vorgängerin der heutigen Kettwiger Straße. Zusätzlich wurden zahlreiche Siedlungsbefunde – darunter auch ein Grubenhaus (?) des 10./11. Jahrhunderts – ausgegraben.

Bei dieser Baumaßnahme und weiterhin 2003/2004, bei der Errichtung der neuen Volkshochschule am Burgplatz – südlich des Domes – fand sich eine von Westen nach Osten verlaufende Bruchsteinmauer, die etwa bis in das 11. Jahrhundert hinein existierte und als Rest einer Mauer angesehen wurde, die den Stiftsbezirk umschloss. Südlich dieser Mauer lagen in der Kettwiger

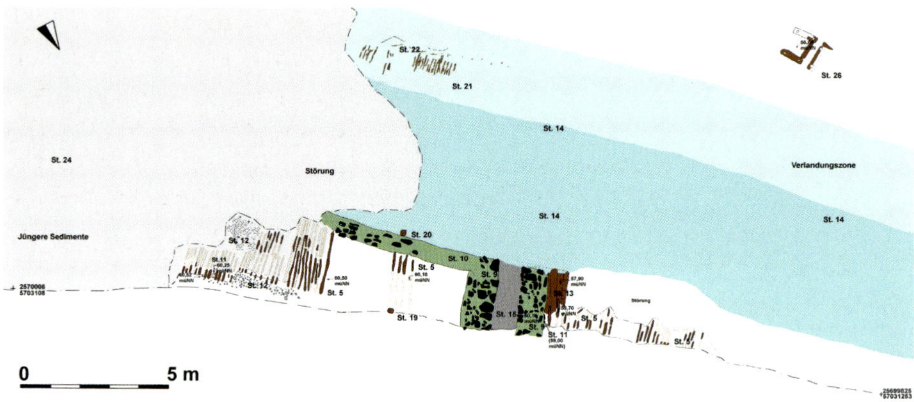

Ausschnitt aus dem Gesamtplan der Untersuchung am Limbecker Tor mit befestigtem Weg

Straße Siedlungsspuren des 10. bis 12. Jahrhunderts, nördlich davon das Gräberfeld: Offensichtlich waren das Gräberfeld und die Siedlung durch besagte Mauer voneinander getrennt gewesen. Zudem wurde bei Kanalsanierungen 1994 in der weiter südlich verlaufenden Straße I. Dellbrügge eine weitere mittelalterliche Mauer entdeckt und von dieser anscheinend 1996 ein zusätzliches Mauerstück gefunden: Durch die Untersuchungen Kahrs' ist bekannt, dass auf der Ostseite des Stiftes mehrere mittelalterliche Graben- bzw. Befestigungsmauersysteme bestanden. Er nahm an, dass die innere und äußere Befestigung über einen gewissen Zeitraum gleichzeitig existierten. In den Bereichen zwischen der vermuteten inneren und äußeren Befestigung lebten offenbar vom Stift abhängige Händler und Handwerker. Aber auch südlich der äußeren Befestigung befand sich eine besiedelte Fläche, wie die Überreste eines Konvents (?) an der Akazienallee zeigen, die 2003 ausgegraben wurden. Die ältesten Funde reichen hier bis in das 11./12. Jahrhundert zurück. Die neuen Entdeckungen lassen vermuten, dass ein Zugang zum Stiftsbezirk im Süden, östlich der heutigen Kettwiger Straße, etwa im Bereich des Gebäudes der Volkshochschule, gelegen haben könnte. Nach Norden hin bestand wohl ein Tor zu der dortigen Siedlung und zur Marktkirche, die bereits im Testament der Äbtissin Theophanu († 1058) erwähnt wird, mit ihrem Friedhof. Spuren dieses Friedhofes wurden in den 1990er Jahren gefunden.

Im Westen der mittelalterlichen Stadt Essen am heutigen Limbecker Platz entstand zwischen 2006 und 2008 ein neues Einkaufszentrum. Die Untersuchungsergebnisse in diesem großen Areal lassen den Schluss zu, dass hier bereits seit dem 10.(?)/11. Jahrhundert ein Mühlenteich existierte und dass über den Hellweg ein Zugang zur Siedlung und zum Stift erfolgte. Da sich in der Baugrube Überreste durch Hölzer befestigter Wege fanden, die bis in das Hochmittelalter zurückreichen, ist zu vermuten, dass auch die weitere Strecke zum Stiftsbezirk in etwa dem Verlauf der heutigen Limbecker Straße entsprach.

Literatur

Brand/Hopp 1997; Brand/Hopp 2008; Derks 1995; Gerchow 1995; Hopp 1995; Hopp 1999; Hopp 2008; Hopp 2010; Hopp/Leenen 2006; Kosch 1991, Zitat auf S. 104.

Die Essener Schreibwerkstatt

Fabian Bojkovsky

Erst in jüngster Zeit nimmt die Forschung wahr, dass auch religiöse Frauengemeinschaften an der mittelalterlichen Buchproduktion teilhatten. Im Falle Essens ist die Existenz einer Schreibwerkstatt sehr wahrscheinlich. Während die direkt nach der Gründung benutzten Handschriften nicht in Essen entstanden, sondern wahrscheinlich durch Schenkung, Kauf oder Tausch erworben wurden, sind für das Ende des 9. Jahrhunderts die ersten, noch unregelmäßigen und uneinheitlichen Schreibtätigkeiten in Essen nachgewiesen. Die erste Blüte des Essener Skriptoriums folgte dann etwa vom 2. Viertel bis zur Mitte des 10. Jahrhunderts. Hier zeigt sich ein höher entwickeltes und einheitlicheres Schriftbild. Wahrscheinlich ist wegen des großen Brandes im Jahr 946 aus dieser Zeit nur wenig erhalten. Danach galt es den verlorenen Buchbestand neu aufzubauen, wodurch das Skriptorium seine aktivste Phase erlebte. Es mussten Urkunden und liturgische Handschriften ersetzt werden, ebenso Texte für die schulische Bildung der Frauen. Das Schriftbild der zweiten Hälfte des 10. Jahrhunderts ist recht einheitlich und ist eine direkte Entwicklung aus dem älteren Schreibstil. Aus dem frühen 11. Jahrhundert sind nur wenige Handschriften erhalten. Erst unter Äbtissin Theophanu kam es dann möglicherweise wieder zu einem Aufschwung. Danach verlieren sich die Spuren des Skriptoriums.

Für den Essener Schreibstil der zweiten Hälfte des 10. Jahrhunderts, also der Regierungszeit Mathildes, lassen sich eine Reihe von charakteristischen Merkmalen nachweisen. Wenn man der Frage nachgeht, welche Manuskripte zu Mathildes Zeiten geschrieben wurden, bieten sich zwei Quellen an: die heute erhaltenen Texte sowie eine Bücherliste im Essener Schreibstil, die auf verlorene Manuskripte deutet. Daraus ergibt sich eine Zahl von sieben liturgischen Handschriften, vier Bibeln, zehn Kommentaren und Predigten, neun Hagiografien, acht Werken von klassischen und christlichen Autoren sowie einem Regelwerk. Diese Verteilung spricht für ein hohes Bildungsniveau der Stiftsfrauen. Eine Buchmalereitradition gab es in Essen aber wohl nicht.

Lediglich in einem Sakramentar finden sich wahrscheinlich von den Frauen selbst gefertigte Illuminationen. Damit würde es sich um die einzigen nachgewiesenen ottonischen Buchmalereien von Frauenhand im deutschsprachigen Raum handeln.

Die Wirkung Äbtissin Mathildes auf die Schreibwerkstatt lässt sich aufgrund fehlender Quellen nicht direkt nachweisen. Die Handschriften selbst lassen aber einige Schlüsse zu. Der Mangel an Prachthandschriften im Essener Bestand deutet darauf hin, dass Mathilde diese nicht als repräsentative Objekte nutzte. Man könnte zudem aus dem Bildungsniveau, welches während Mathildes Regierungszeit bestand, darauf schließen, dass sie Essen als geistiges Zentrum etablieren wollte. Hinzu kommt, dass hier nicht nur Frauen unterrichtet wurden, die ihr ganzes Leben im Konvent verbringen würden. Einigen stand möglicherweise nach Verlassen des Konventes eine Zukunft in der weltlichen Elite bevor. Damit bestimmte das Bildungsniveau in Essen auch

Merkmale des Essener Schreibstils

- ein breiter, dicker Bauch und ein geschwungener Rücken beim a
- das g, dessen größere Schleife sich waagerecht immer mehr nach rechts verschiebt
- das weiche gebogene Ende von i, u, m und n
- das auf der Zeile bleibende x
- das nach unten lang und spitz auslaufende Majuskeln F und I
- die Kürzungen -bus und -que durch einen Semikolon mit querliegendem Komma
- der am Ende mit einem Häkchen nach unten versehene Kürzungsstrich
- die weit ausholende ct-Ligatur, bei der die beiden Buchstaben oft weit auseinander gestellt sind
- die gelegentliche Hochstellung des t über ein n am Wortende
- ae-Ligatur, v mit weit vorgezogenem ersten Schaft, rundes d und rundes s am Wortende kommen vor
- die Querstriche von t, g, e und r ligieren mit anderen Buchstaben, so dass sich oft eine geschlossene mittlere Linie ergibt

aus: Bodarwé 2000, S. 115.

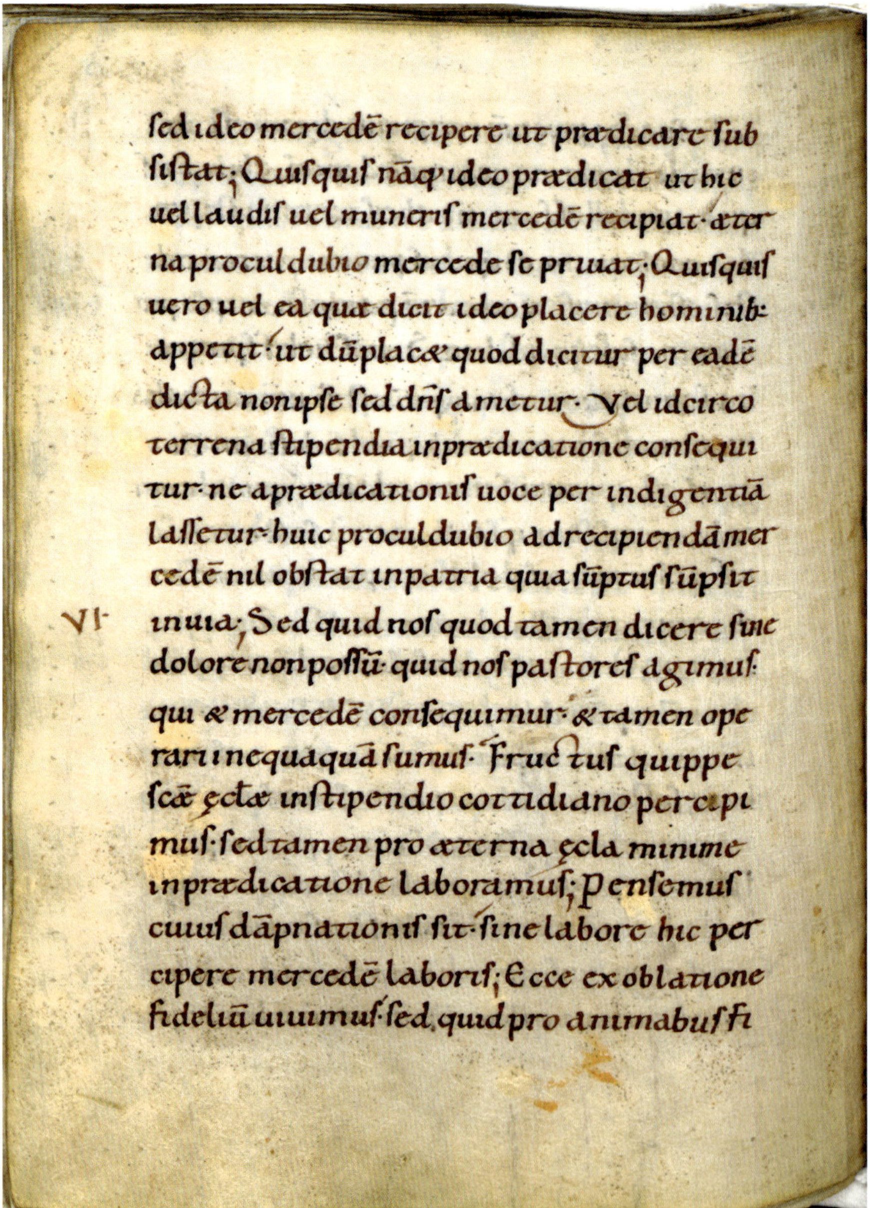
sed ideo mercedē recipere ut prędicare sub
sistat; Quisquis nāq; ideo prędicat ut hic
uel laudis uel muneris mercedē recipiat· ęter
na proculdubio mercede se priuat; Quisquis
uero uel ea quę dicit ideo placere hominib;
appetit· ut dū plac& quod dicitur per eadē
dicta non ipse sed dn̄s ametur· Vel idcirco
terrena stipendia in prędicatione consequi
tur· ne a prędicationis uoce per indigentiā
lassetur· huic proculdubio ad recipiendā mer
cedē nil obstat in patria quia sūptus sūpsit
VI· in uia; Sed quid nos quod tamen dicere sine
dolore non possū· quid nos pastores agimus·
qui & mercedē consequimur· & tamen ope
rari nequaquā sumus· Fructus quippe
scę ęcclę in stipendio cottidiano percipi
mus· sed tamen pro ęterna ęccla minime
in prędicatione laboramus; Pensemus
cuius dāpnationis sit· sine labore hic per
cipere mercedē laboris; Ecce ex oblatione
fideliū uiuimus· sed quid pro animabus fi

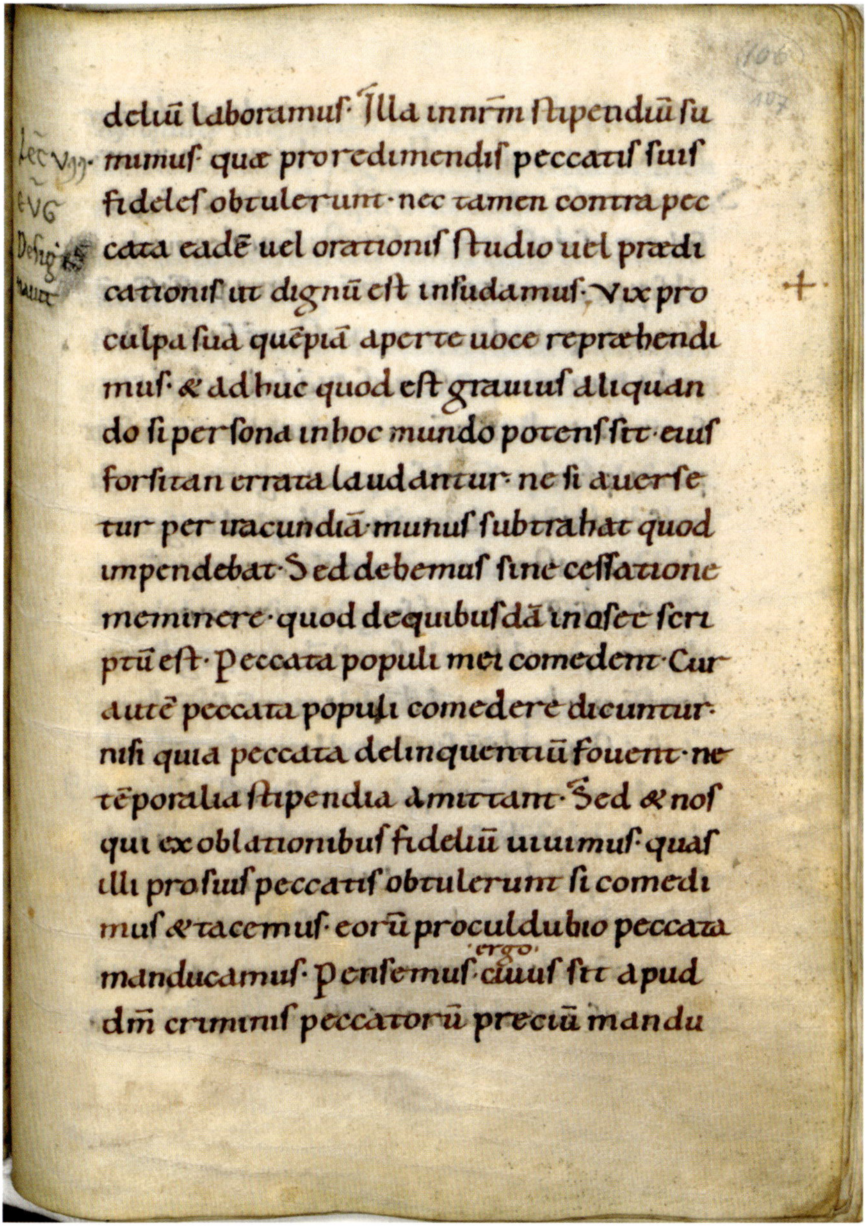

Gregor der Große, 17. Homilie aus einer Essener Handschrift, 2. Drittel 10. Jahrhundert, Universitäts- und Landesbibliothek Düsseldorf, B8 fol. 105v–106r

das der zukünftigen Herrscherschicht. Denn die Frauen konnten ihre Bildung somit nach dem Verlassen des Stiftes nicht nur innerhalb der oberen Schicht der ottonischen Gesellschaft nutzen, sondern ihr Wissen auch an ihre Kinder weitergeben. Somit hatte eine Verbesserung des Bildungsstandards innerhalb des Stiftes nicht nur eine Bedeutung für die Institution und die ihr vorstehende Äbtissin, sondern darüber hinaus auch Auswirkungen auf die gesamte Führungsschicht des ottonischen Reiches.

Literatur

Bodarwé 2000; Bodarwé 2004; Hoffmann 1993; Karpp 2000.

Gebet und Gottesdienst

Jasmin Remp

Die Liturgie nimmt in der klösterlichen und stiftischen Lebensform eine ganz besondere Rolle ein. Auf der einen Seite war der Tagesablauf der geistlichen Frauen von regelmäßigen Gebetszeiten beherrscht. Auf der anderen Seite bestimmten die großen Feste des Kirchenjahres das Leben im Konvent.

Die Grundlage für die Lebensweise bildete die *regula sanctarum virginum*, eine Klosterregel aus dem beginnenden 6. Jahrhundert, in der ausführlich erste Vorschriften für das Leben in Frauengemeinschaften niedergelegt wurden. Bischof Caesarius von Arles (amt. 502–542) und seine Schwester verfassten die Regel für den von ihnen neu gegründeten Frauenkonvent St. Johannes in Arles.

Darin heißt es, dass die höchste Aufgabe der geistlichen Frauen das fürbittende Gebet ist. Sie sollten für Gottes Segen und Schutz der Lebenden und der Toten – der Stifter und ihrer Familienangehörigen – beten. Vor allem den Jungfrauen wurde – im Gegensatz zu Mönchen – eine besondere Gottesnähe und damit eine höhere Wirksamkeit ihrer Gebete zugesprochen. »Nur der ›richtig‹ gefeierte Ritus, so die frühmittelalterliche Auffassung, garantierte den Segen des Himmels, der für jedermann und für alles verfügbar gemacht werden konnte.«

Im Zentrum der christlichen Liturgie stand schon im Mittelalter die Eucharistie, die gleichzeitig den Tod und die Auferstehung Jesu Christi feiert und vergegenwärtigt. Deswegen bildete die Heilige Messe schon seit frühester Zeit den Höhepunkt des Tagesablaufes der Frauen.

Neben der Messfeier gab es Gebetsgottesdienste, an denen die Stiftsfrauen teilnehmen mussten. Die so genannte Stundenliturgie, auf die die *regula sanctarum virginum* detailliert eingeht, bestand aus den Laudes (Lobgesänge) am Morgen und der Vesper (Abendgebet). Dem Tageszeitenrhythmus wurden vier weitere Gebetszeiten, auch kleine Horen genannt, hinzugefügt: die Prim um ca. 6 Uhr, die Terz um ca. 9 Uhr, die Sext um ca. 12 Uhr und die Non um ca. 15 Uhr. Hinzu kamen die Vigilien (Nachtwachen), mit denen der Tag mit einem längeren Gebets- und Lesungsgottesdienst begann. Der Tag endete für die Stiftsfrauen mit der Komplet (Abschluss, Vollendung), der letzten Gebetszeit vor der nächtlichen Ruhe.

Das vorgestellte Idealkonzept der Stundenliturgie wurde im mittelalterlichen Alltag oft nicht umgesetzt. Die Äbtissin bestimmte die Liturgie maßgeblich mit. Aus praktischen Gründen kombinierte sie Gebetszeiten oder verlegte sie, um einen ökonomischen Tagesablauf für den Konvent zu gestalten.

Eine weitere Quelle, die es ermöglicht das Leben im Essener Frauenstift nachzuempfinden, ist der *Liber ordinarius.* Die Handschrift wurde in Essen wahrscheinlich von zwei Kanonikern in der zweiten Hälfte des 14. Jahrhunderts verfasst. In ihr werden ortseigene Gebräuche und Abweichungen beschrieben sowie liturgische Anweisungen zur Vorbereitung und zu Abläufen von Gottesdiensten und Prozessionen für bestimmte Festtage gegeben. Obwohl die Handschrift erst im Spätmittelalter entstand, werden darin Inhalte deutlich, die wahrscheinlich bereits während der Amtszeit Äbtissin Mathildes Gültigkeit besaßen.

Literatur

Bärsch 2000, Zitat auf S. 71; Bärsch 2002; Küppers-Braun 2002; Muschiol 2000; Schilp 1998; Schilp 2000.

Ostflügel des Kreuzgangs am Essener Dom

Leben im Dienst der Toten

Mirjam Verhey

Eine Urkunde vom 18. April 997 belegt, dass die Frauengemeinschaft Essen während der Amtszeit Äbtissin Mathildes hochrangige Stiftungen erhalten hat. Auf Bitten seiner Cousine Mathilde schenkte der junge König Otto III. – im Jahr zuvor zudem zum Kaiser gekrönt – »zu seinem und seiner Vorfahren Seelenheil« dem Frauenstift den Ort Brüggen und weitere Orte zur freien Verfügung. Mit dieser Stiftung versicherte sich Otto, dass man auch nach seinem Tod an ihn denken würde.

Wie Otto III. sorgten sich alle Gläubigen im Mittelalter um ihr Seelenheil. Wer sich zu Lebzeiten schwer versündigt hatte, dem drohten nach mittelalterlicher Auffassung endlose Höllenqualen. Doch selbst ein gesittetes Leben garantierte nicht den sofortigen Aufstieg in den Himmel. Bereits zur Zeit der Kirchenväter, d. h. in den ersten acht Jahrhunderten nach Christus, entwickelte sich langsam die Vorstellung vom Fegefeuer, das jede Seele, ob laster- oder tugendhaft, durchlaufen musste. Papst Gregor der Große berichtete im Jahre 604 von einer Vision, in der er die qualvoll brennenden Seelen der Verstorbenen erblickt hatte.

Die ersten Christen hatten hingegen ausschließlich an ein ewiges Leben im Paradies geglaubt, da Jesus Christus sie mit seinem Kreuzestod erlöst hatte. Aus diesem Glauben heraus erwartete das frühe Christentum den Todestag voller Zuversicht und begriff ihn nicht als Ende, sondern als Tag der eigentlichen Geburt. Darum sangen und tanzten die frühen Christen am Grab und hielten Totenfeiern ab, bei denen dem Verstorbenen ein Platz bereitet und Speisen und Trank gereicht wurde.

Als jedoch im frühen Mittelalter die Angst vor der Hölle und dem Fegefeuer wuchs, feierten die Hinterbliebenen den Tod des Verstorbenen nicht mehr, sondern suchten nach Möglichkeiten, seine Seele zu retten. Man gedachte der Toten in Gebeten und während der Eucharistie, vermerkte ihre Namen in Totenbüchern und verrichtete für sie gute Werke. Der Adel und wohlhabende Geistliche begannen Gebetsbünde, Bruderschaften und Klöster zu stiften, deren Angehörige fortwährend Gebete sprechen und Messen zu Ehren der

Verstorbenen lesen sollten. Diesen kirchlichen Einrichtungen wurden auch Bauwerke, Kunstgegenstände und Handschriften vermacht. Da das Gebet von Jungfrauen als besonders wirkungsvoll galt, wurden oftmals Frauengemeinschaften gegründet oder vorzugsweise Güter an eine solche überreicht.

Unter einer Schenkung versteht man dabei ein einmaliges Geschenk, das zum Beispiel an eine Glaubensgemeinschaft übergeben wird. Im Gegensatz zu einer Stiftung sind mit einer Schenkung keine weiteren Erträge für die beschenkte Gemeinschaft verbunden. Um sicherzustellen, dass man mit seinen geschenkten oder gestifteten Werken in Verbindung gebracht wurde, erhielten sie häufig an entsprechender Stelle Stifterbildnisse oder Inschriften. Damit wurde *memoria* zur ›Dienstleistung‹, denn man ›erkaufte‹ sich sein Seelenheil. Nicht vergessen zu werden und während der Messfeier im Gebet und somit im Gedächtnis der Menschen präsent zu sein, war gleichbedeutend mit der Gewissheit für den Betenden, dass der Verstorbene auch bei Gott anwesend ist. Oft wurde testamentarisch festgelegt, wie und wann nach einem bestimmten Verlauf Messen zum Stiftergedenken zu feiern waren. Das betraf z. B. den Todestag wie auch den dritten, siebten und dreißigsten Tag nach dem Tod. Des Weiteren wurde zuweilen festgesetzt, wie viele Priester die Messen zelebrierten und in welchem Rhythmus Almosen an Arme und Bedürftige verteilt werden sollten. Folglich enthielt das Totengedenken neben Gebeten und Messen auch karitative Leistungen. Mittelalterliche *memoria* bedeutete also zweierlei: Zum einen meint der Begriff die Gemeinschaft der Lebenden und der Toten, auch als *communio sanctorum* bezeichnet. Zum anderen impliziert er die Bitte der Lebenden für das Seelenheil der Verstorbenen.

Im Mittelalter behielt der Verstorbene zudem seinen Rechtsstatus auch über den Tod hinaus, sodass Verträge, die zu Lebzeiten abgeschlossen worden waren, unverändert ihre Rechtskraft besaßen. Dies war wichtig, weil die *memoria* im Mittelalter auf eine unbestimmte Dauer ausgerichtet sein musste und zeitlich nicht begrenzt sein durfte. Der Grund hierfür liegt in der Vorstellung der damaligen Zeit, der zufolge der Mensch erst mit dem Tag des Jüngsten Gerichts erlöst wurde, womit letztendlich sein Seelenheil gesichert war.

Literatur

Bärsch 2008; Bodarwé 2004; Fischer 1936; Gerchow/Schilp 2003; Horch 2008; Oexle 1983; Schilp 2007; Schilp 2010, Urkunde Nr. 22, S. 14 f.

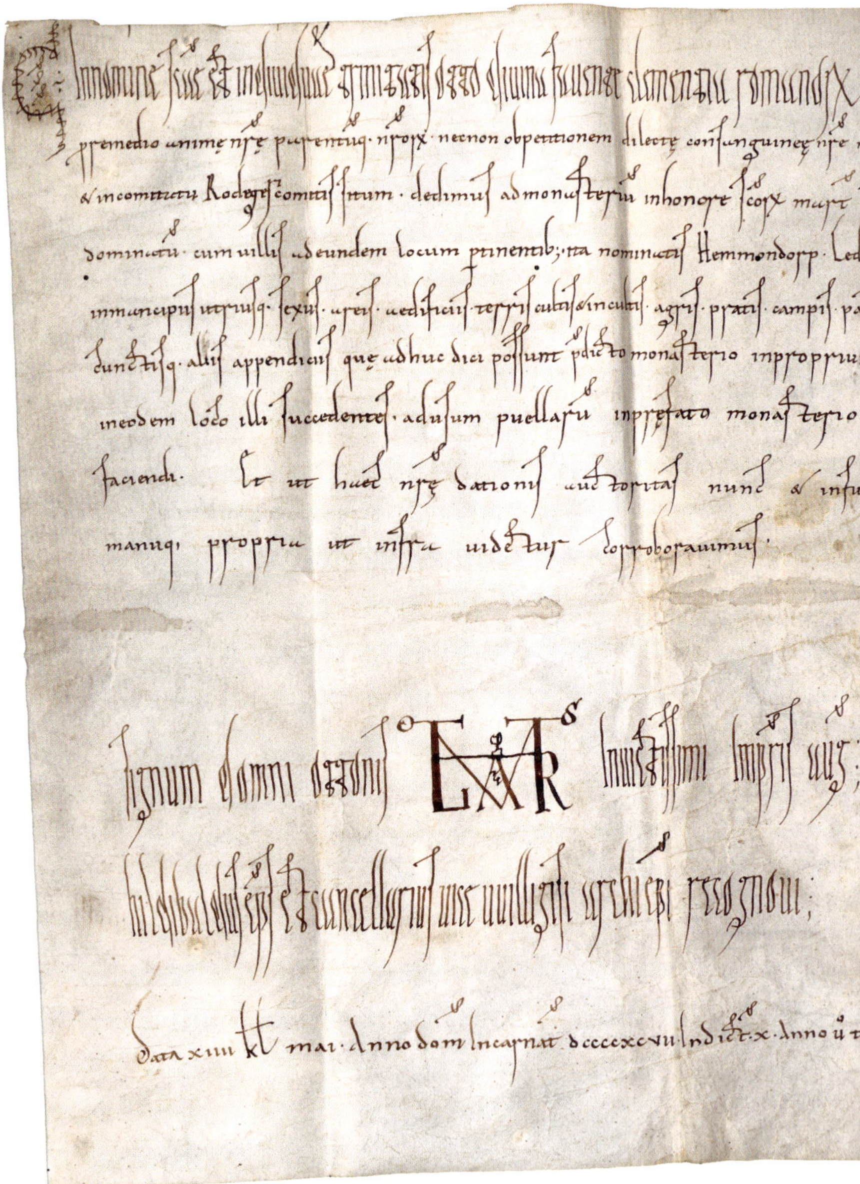

Schenkungsurkunde Kaiser Ottos III. vom 18. April 997, Otto schenkt dem Stift Essen den Hof Brüggen zu seinem und seiner Vorfahren Seelenheil, Landesarchiv NRW, Stift Essen Urkunde 7

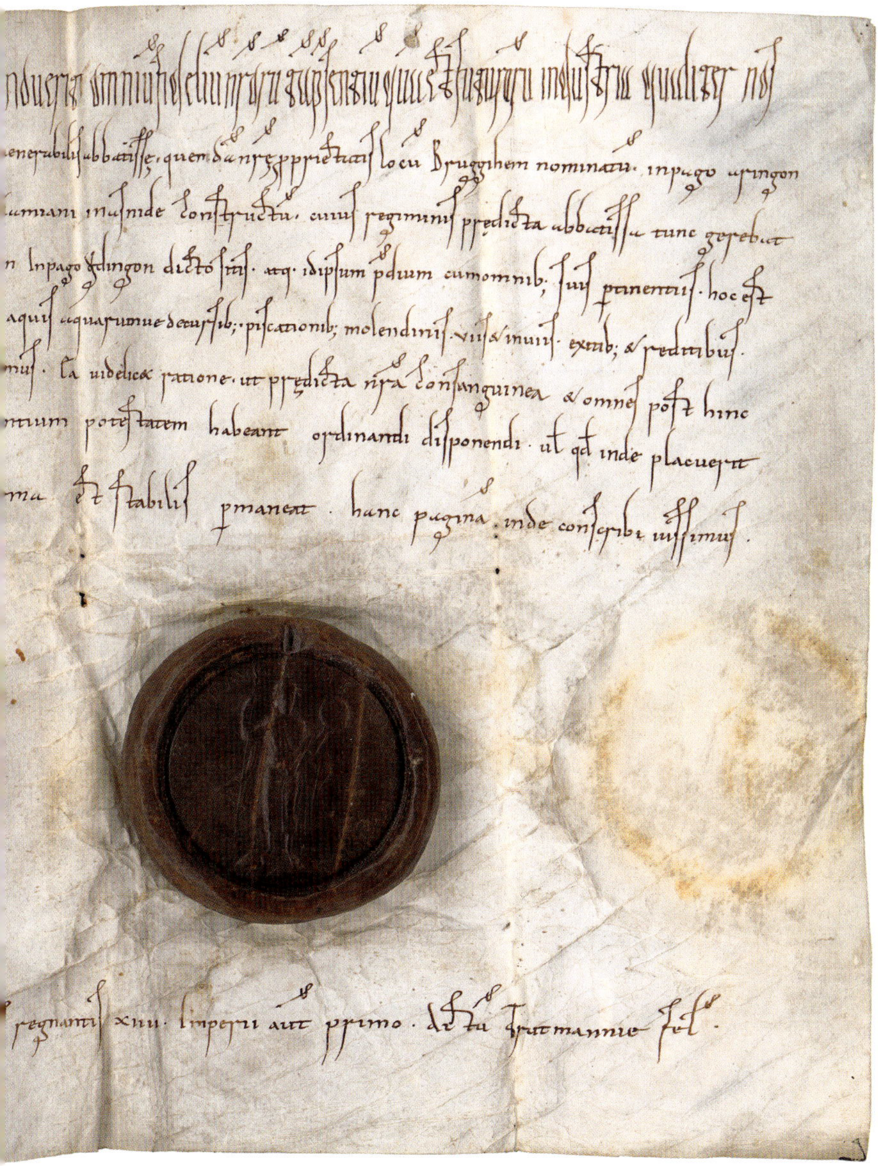

Bildung und Erziehung

Ramona Libuda

Im frühen Mittelalter waren Klöster und Domschulen die Stätten für Bildung und Erziehung. Dass auch Frauengemeinschaften Bildungsvermittlung betrieben haben, ist eine Erkenntnis der neueren Forschung.

Die Aachener Vorschrift *institutio sanctimonialium* von 816 gab vor, dass die Stiftsfrauen im Lesen und Schreiben unterrichtet werden, die Heilige Schrift studieren und als Erzieherinnen von jungen Mädchen tätig sein sollten. Konvente galten somit als Erziehungs- und Sozialisationsorte. Vor allem Töchter adeliger Familien wurden in das Frauenstift geschickt. Hierfür erhielt die Gemeinschaft zahlreiche Schenkungen der Familie. Als Beispiel sei eine großzügige Schenkung Ottos des Großen genannt. Zum Dank für die Aufnahme seiner Tochter in das Quedlinburger Frauenstift übergab er der Gemeinschaft sechs Ortschaften.

Oftmals wurden die Kinder zwischen dem fünften und siebten Lebensjahr dem Frauenstift übergeben, um sie für das beständige Leben in einer religiösen Gemeinschaft vorzubereiten. Einige Zöglinge kehrten jedoch nach der Erziehung im Stift in das weltliche Leben zurück. Im 17. und 18. Jahrhundert schließlich waren rund 80 Prozent aller Töchter aus dem katholischen Adel zeitweise Stiftsfrauen gewesen. Folglich war das Leben in einem Konvent für nahezu jede junge, adelige Frau fester Bestandteil ihrer Bildung.

Im Fall Äbtissin Mathildes ist nicht überliefert, wann sie dem Stift beitrat. In einer Urkunde Ottos I. wird jedoch erwähnt, dass ihr Besitz 966 dem Essener Stift übertragen wurde. Daraus lässt sich herleiten, dass sie spätestens im Alter von 17 Jahren oder bereits früher der Essener Frauengemeinschaft angehörte.

Für die Erziehung der Schülerinnen war eine zuverlässige *magistra* zuständig, die nicht nur Lehrerin, Erzieherin und Bezugsperson war, sondern auch als Vorbild für ein untadeliges Leben stand. Ein Brief aus der ersten Hälfte des 10. Jahrhunderts, den eine Schülerin in lateinischer Sprache verfasste, erhellt die Situation im Essener Stift: »Frau Lehrerin Fehlin, gebt mir die Erlaubnis,

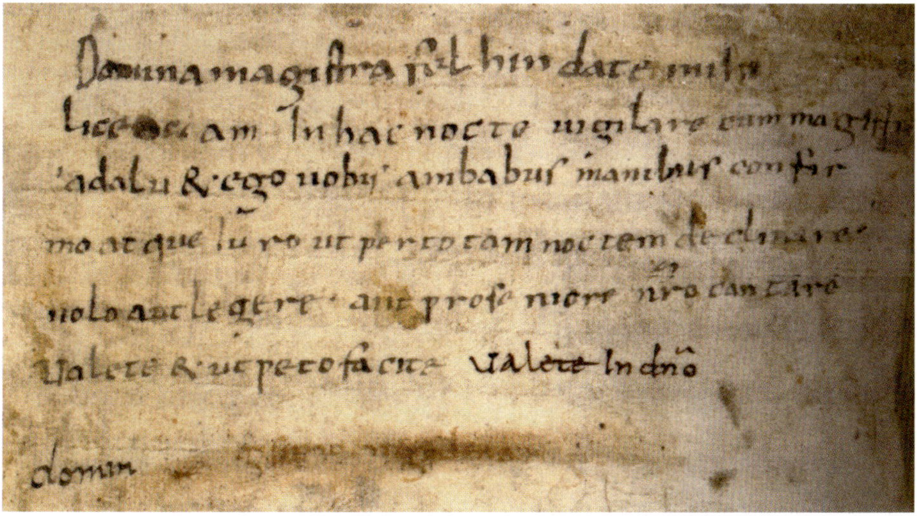

Brief einer Essener Stiftsschülerin an die Lehrerin Fehlin, 10. Jahrhundert, Universitäts- und Landesbibliothek Düsseldorf, B3 fol. 305v

in dieser Nacht zusammen mit der Lehrerin Adalu zu wachen, und ich bestätige und schwöre euch mit beiden Händen, dass ich die ganze Nacht deklinieren oder lesen oder für unseren Herrn singen will. Lebt wohl und gestattet, worum ich bitte!«[1] Im Rahmen der Bildungsvermittlung werden hier drei Disziplinen des Lernens erwähnt: *declinare* (»deklinieren«), *legere* (»lesen«) und *cantare* (»singen«). Dabei muss betont werden, dass Latein nicht als Muttersprache, sondern als heilige Sprache der Kirche und der Liturgie galt. Diejenigen, die den lateinischen Wortschatz beherrschten, gehörten meistens dem Klerus an. Die erste Pflicht der Mädchen im Stift war das Erlernen dieser Sprache, welches überwiegend durch Auswendiglernen erfolgte. Die Schülerinnen prägten sich die wichtigsten Gebete und Psalmen im Lateinischen ein, wobei sie gleichzeitig die Buchstaben und Wörter einübten.

Eine weitere Aufgabe der *magistra* bestand darin, die Namen der handelnden Personen in den Texten und die Handlungsorte zu erklären. Zudem erläuterte sie unbekannte lateinische Wörter durch Synonyme oder volkssprachliche Übersetzungen. Darüber hinaus fragte die *magistra* das Gelernte ab. Da es weder ein allgemeines Schulbuch noch eine brauchbare Grammatikhilfe gab, hing die Aneignung der Sprache und der Erziehung allein vom didaktischen Vermögen der *magistra* ab.

Zahlreiche an den Rand geschriebene Glossen – Vermerke, die zum besseren Textverständnis dienen – bestätigen diese Lernmethode. Vor allem das Essener Karolingische Evangeliar zeugt davon. Die Schülerinnen befassten sich im Leseunterricht nicht nur mit liturgischen Schriften und der Bibel, sondern unter anderem auch mit Predigtsammlungen, Heiligenviten und antike Dichtung. Als Beispiele seien die Komödien von Terenz (ca. 195/190–159 v. Chr.), sowie die Werke des frühchristlichen Dichters Prudentius (348–ca. 405 n. Chr.) genannt.

Anmerkungen

1. *Domina Magistra felhin, date mihi licenciam/in hac nocte uigilare cum magistra/adalu & ego uobis amabus manibur confir/mo atque Iuro ut per totam noctem declinare/uolo aut legere · aut pro seniore nro cantare Ualete & ut peto facite.* ULB Düsseldorf, Ms. B 3, fol. 305v, Übersetzung nach Bodarwé 2000, S. 102.

Literatur

Bodarwé 2000; Bodarwé 2004, S. 75 ff.; Küppers-Braun 2002, S. 52–54.

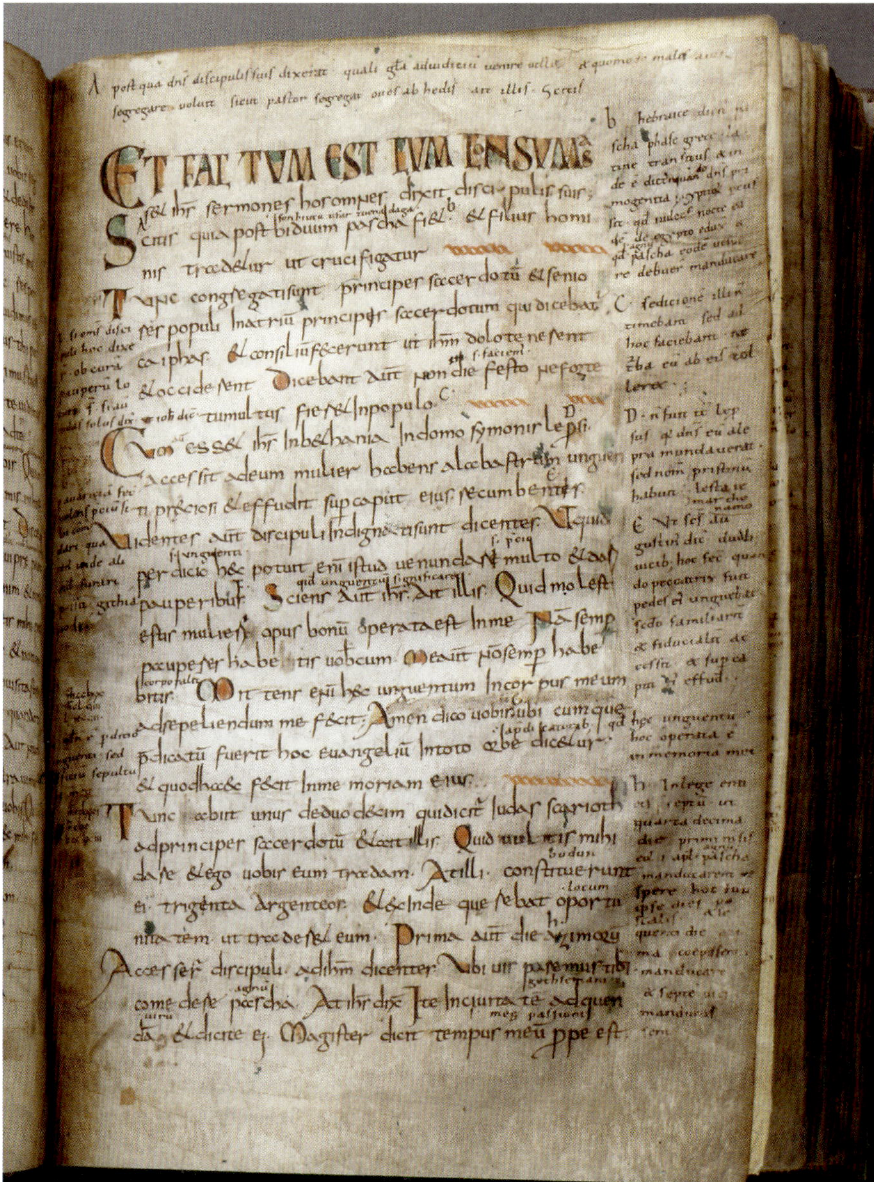

Großes Karolingisches Evangeliar mit handschriftlichen Glossen der Essener Stiftsfrauen, Nordostfrankreich oder Nordwestdeutschland, um 800, Domschatz Essen, Hs 1, fol. 121

Musik und Liturgie

Lars Berg

Wichtiger Bestandteil der Liturgie in mittelalterlichen Klöstern und Stiften war der Chorgesang. Er diente der Kontemplation des Einzelnen während des Gottesdienstes und strukturierte zugleich den Ablauf der Messe. Vor der Aufnahme in den Konvent wurden die Mädchen und jungen Frauen an einer Stiftsschule in Gesang ausgebildet. Sie erwarben gute Lateinkenntnisse und übten sich im kirchenmusikalischen Ablauf. Dass der Choralgesang im Stift als überaus wichtig eingeschätzt wurde, zeigt die Tatsache, dass sich zumindest im späteren Mittelalter jede Stiftsfrau vor ihrer Aufnahme in den Konvent einer Gesangsprüfung zu unterziehen hatte.

Seit dem 12. Jahrhundert hatte sich in Essen eine Gemeinschaft von Priestern gebildet. Dieser Kanonikerkonvent war für die Gottesdienste und die Seelsorge am Frauenstift zuständig. Daher bestand der Chor des Essener Stifts ab dieser Zeit vermutlich aus 60 bis 70 Sängerinnen und Sängern. Manche Chorwerke wurden mit unterschiedlichen Stimmlagen besetzt, um die musikalische Dramatik an besonderen Festtagen zu steigern. An hohen Feiertagen sangen einzelne Knaben als Solisten im Wechsel mit dem gesamten Chor der Scholaren (Schüler) oder mit dem Chor der Kanoniker, denen zu solchen Anlässen die Organisation und Durchführung der Feierlichkeiten oblag. Beim Osterspiel (*visitatio sepulcri*) stellten zwei Kanoniker die Engel am Grab Christi dar, während zwei Scholaren die Engel bei der Prozession an Christi Himmelfahrt spielten. Dabei begleiteten zwei Sängerknaben das von einem Diakon vorgetragene Kreuz zum Michaelsaltar die Westempore hinauf. Das getragene Kreuz symbolisierte dabei das Aufsteigen Christi in den Himmel. Die Scholaren sangen dazu die Antiphon *Sic veniet*. Zur Prozession am Pfingstsonntag sangen zwei Scholaren, die vom Konvent der Stiftsfrauen und dem Kanonikerkonvent umgeben waren, kniend vor dem Siebenarmigen Leuchter. Im Wechselspiel musizierten sie mit dem Klerikerchor das *Alleluja* und die Antiphon *Veni Sancte Spiritus*.

Musik und Liturgie bildeten die Grundlage bzw. den Rahmen für Messfeiern und Prozessionen. Sie waren Teil des mystischen Lebens im Stift. Erhaltene Handschriften vermitteln noch heute einen Einblick ins klösterliche Leben. Die Stundengebete durften von den Stiftsfrauen selbst ohne Zutun der Kanoniker und Scholaren gefeiert werden. Die Äbtissin hatte den Vorsitz und leitete die Stundenliturgie. Es war nicht notwendig, dass ein Geistlicher zugegen war.

Dass die Teilnahme am Lesen und Singen der Stundengebete und Psalterien ein existentieller Bestandteil des klösterlichen Lebens war, verdeutlicht der bereits erwähnte Brief einer Schülerin an die Lehrerin (Abb. S. 53) aus der ersten Hälfte des 10. Jahrhunderts. Die Schülerin bittet, an der nächtlichen Wache teilnehmen zu dürfen. Die *magistra* gibt mit dem Satz: »Gehe mit Gott!«[1] ihr Einverständnis. Die Handschrift vermittelt uns nicht nur einen Eindruck von dem guten Latein, das die Schülerin zu diesem Zeitpunkt bereits beherrschte, sondern gibt auch Einblicke in die liturgische Praxis im Stift.

Die musikgeschichtlichen Quellen aus der Zeit Mathildes sind äußerst gering. Eine wichtige Ausnahme bildet der Florinus-Hymnus, der in einer Handschrift aus der zweiten Hälfte des 10. Jahrhunderts überliefert ist.[2] Äbtissin Mathilde erwarb während ihrer Amtszeit zahlreiche Reliquien für das Essener Frauenstift, darunter auch die Gebeine des heiligen Florinus aus Koblenz. Herzog Hermann I. von Schwaben, Mathildes Großvater mütterlicherseits, hatte das Stift St. Florinus in Koblenz gegründet. Er schenkte Mathilde vermutlich die Reliquien, mit denen ein Hymnus (Festgesang) und eine Oratio (Gebetsgesang) zum Tag des heiligen Florinus verbunden waren.[3] Auf welchem Wege die Reliquien mit der Handschrift nach Essen gekommen sind, lässt sich nicht mehr feststellen. Es ist ebenso fraglich, ob Mathilde die Handschrift überhaupt direkt entgegengenommen hat. Ein Stiftskanoniker aus Koblenz hatte den Hymnus um 940 gereimt. Bei den Gesängen handelt es sich um Neumen. In Essen wurde der 17. November zum Festtag des heiligen Florinus auserkoren (Tag der Reliquienübertragung nach Essen). Dann wurden der Hymnus und die Oratio gesungen.

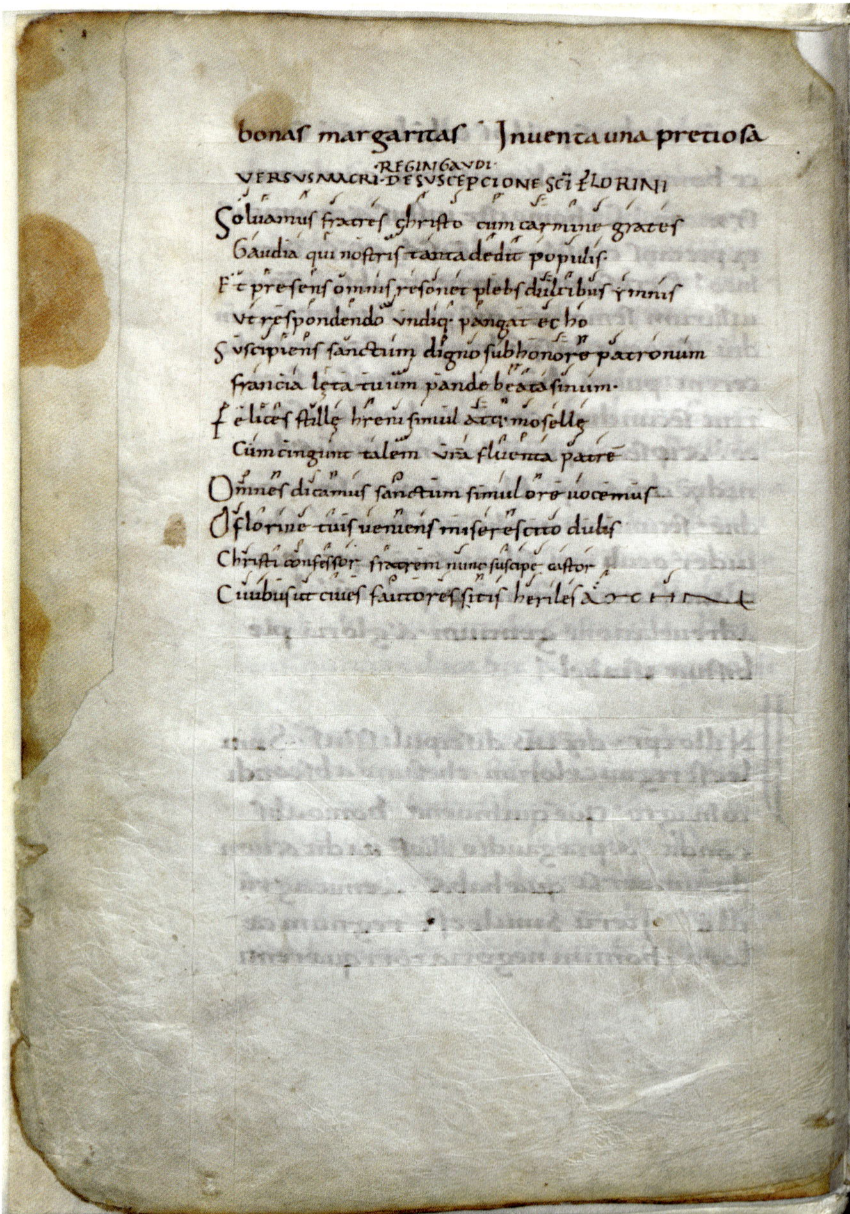
bonas margaritas Inuenta una pretiosa
·REGINGAVDI·
VERSVS MACRI· DE SVSCEPCIONE SCI FLORINI
Soluamus fratres christo cum carmine grates
Gaudia qui nostris tanta dedit populis
Et presens omnis resonet plebs dulcibus ymnis
Ut respondendo undique pangat echo
Suscipiens sanctum digno sub honore patronum
Francia leta tuum pande beata sinum
Felices stille breui simul atque mosellę
Cum cingunt talem una fluenta patrem
Omnes dicamus sanctum simul ore uocemus
O florine tuis ueniens miserescito dulis
Christi confessor fratrem nunc suscipe castor
Ciuibus ut ciues fautores sitis heriles

Florinus-Oratio, Rheinland/Essen, 2. Hälfte 10. Jahrhundert, Universitäts- und Landesbibliothek Düsseldorf, B113 fol. 4v

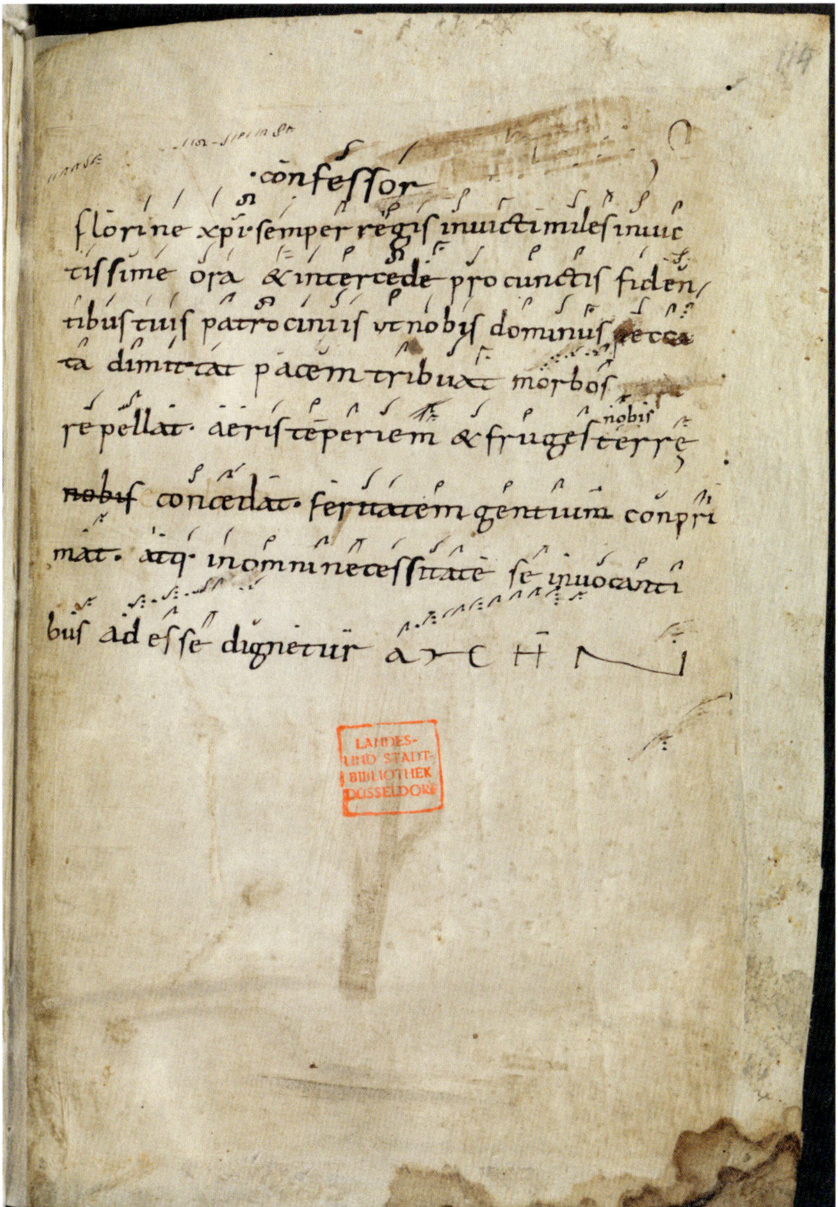

Florinus-Hymnus, Rheinland/Essen, 2. Hälfte 10. Jahrhundert, Universitäts- und Landesbibliothek Düsseldorf, B113 fol. 114r

Anmerkungen

1. *Ualete In d(omi)no*, ULB Düsseldorf, Ms. D3, fol. 305v, Übersetzung nach Bodarwé 2002, S. 102.
2. Ms. B 113, f. 4v. Universitäts- und Landesbibliothek Düsseldorf. Vgl. Jammers 1952, S. 4–8.
3. Ms. B 113, f. 4v. und f. 114r. Universitäts- und Landesbibliothek Düsseldorf. Der Hymnus wurde kopiert in der »Essener Handschrift Düsseldorf B 113. Der Festvermerk zum 17. November ist in Düsseldorf D 1 und D 3 nachgetragen [worden]. In D 2 gehört er zum Grundbestand«. Zitiert nach Röckelein 2000, S. 165, Anm. 84.

Literatur

Bodarwé 2000; Jammers 1952; Kettering 1960, besonders S. 134; Linnenborn 2010, be. S. 136; Muschiol 2000; Röckelein 2000, S. 99; Röckelein 2002; Röckelein 2003.

Das Stift Essen und die Abtei Werden

Andrea Wegener

Neun Kilometer südlich des Essener Frauenstifts lag die Abtei Werden. Die Verbindung dieser beiden geistlichen Gemeinschaften war geografisch außerordentlich günstig, lagen sie doch beide an zwei miteinander verbundenen Pilger- und Handelsstraßen. Die Werdener Benediktinerabtei wurde 799, also etwa 50 Jahre vor der Essener Frauengemeinschaft, durch den heiligen Liudger gegründet. Liudger war einer der bedeutendsten Missionare des frühen Mittelalters und erster Bischof von Münster. Nach seinem Tod im Jahr 809 wurde er in der Krypta der Werdener Klosterkirche bestattet. Früh einsetzende Wunderberichte verhalfen der Kirche mit dem Grab des Heiligen und denen der Liudgeriden, den Verwandten Liudgers, über Jahrhunderte hinweg zu großem Ansehen.

Damit lagen zwei der wichtigsten geistlichen Gemeinschaften der Region nur wenige Kilometer voneinander entfernt. Obwohl die Werdener Quellenlage gerade für die Amtszeit Mathildes in Essen sehr schlecht ist, kann dennoch in dieser Zeit eine enge Verbindung von Kloster und Stift angenommen werden. Es ist auf jeden Fall davon auszugehen, dass die Werdener Mönche die Essener Frauengemeinschaft in den ersten Jahrzehnten nach der Gründung in der Seelsorge unterstützten.

Die älteste Erwähnung der Essener Frauengemeinschaft überhaupt und ihrer guten Verbindungen zum Werdener Kloster findet sich in der dritten Lebensbeschreibung über den Werdener Gründerheiligen Liudger, der *Vita III S. Ludgeri*. Der im letzten Drittel des 9. Jahrhunderts entstandene Wunderbericht schildert die Heilung eines blinden und gelähmten Mädchens namens Amalburg. Nach ihrer wundersamen Heilung führte Amalburg nämlich fortan ein religiöses Leben »im Kloster frommer Frauen, das Essen genannt wurde«.[1]

Bereits kurz nach der Gründung des Essener Stifts überarbeiteten Werdener Mönche verschiedene Handschriften für die Frauengemeinschaft. Dem Sakramentar D1 aus der zweiten Hälfte des 9. Jahrhunderts, heute in der

Universitäts-und Landesbibliothek Düsseldorf, fügte ein Mönch ein Kalendar und Namen der im Gebet zu gedenkenden Lebenden und Verstorbenen hinzu. Darunter befindet sich der Todestag des heiligen Liudger, der seit Ende des 9. Jahrhunderts auch in Essen begangen wurde. In allen erhaltenen Essener Sakramentaren (liturgische Bücher mit den bei der Messe zu sprechenden Gebeten und Texten) waren besondere Texte und Gebete für den Liudgertag vorgesehen. Während man in Essen so des Werdener Gründerheiligen und späteren Kirchenpatrons gedachte, beging man in Werden im Gegenzug das Fest der Essener Patrone Cosmas und Damian.

Nach dem Essener Stiftsbrand von 946 begann mit der Neuausstattung der zerstörten Bibliothek die Blütezeit des Essener Schreibwerkstatt (Skriptorium). Um den verlorenen Buchbestand wieder auf- bzw. auszubauen, nahmen die Stiftsfrauen die Hilfe der Werdener Mönche in Anspruch. Diese halfen beispielsweise bei der Abschrift neuer Handschriften. Während der Amtszeit Mathildes sind möglicherweise zwei bedeutsame Handschriften in Zusammenarbeit mit den Werdener Mönchen entstanden. Das zwischen 962 und 983 im Essener Skriptorium angelegte Düsseldorfer Sakramentar D2 wurde von einem Werdener Schreiber um ein Kalendar und die Monate November und Dezember ergänzt. Eine ähnliche Gemeinschaftsarbeit zeigt sich bei einem heute in der Württembergischen Landesbibliothek in Stuttgart verwahrten Evangeliar Cod.bibl.4°32. Es entstand im letzten Drittel des 10. Jahrhunderts, also in der Amtszeit Mathildes, und wurde ebenfalls von Essener Schreiberinnen und Werdener Schreibern gefertigt.

Das dritte Essener Sakramentar D 3, vermutlich in der ersten Hälfte des 10. Jahrhunderts entstanden, wurde dagegen nur von einer Werdener Hand geschrieben. Das Widmungsbild der Handschrift – sie ist Cosmas und Damian geweiht – zeigt den Werdener Mönch demütig kniend vor den Essener Stiftspatronen. Die Herstellung der Handschrift erfolgte jedoch nicht in Werden, sondern in Essen, wie ein Vergleich des Pergaments und der Linierung mit anderen Essener Erzeugnissen belegen. Wie eine derartige Zusammenarbeit von Essener Skriptorium und Werdener Mönchen praktisch vorzustellen ist, konnte noch nicht hinreichend geklärt werden.

Der rege Austausch und die gemeinsame Buchproduktion verbanden Essen und Werden besonders im 10. und 11. Jahrhundert miteinander. Dennoch ist bis auf die genannten Beispiele über ihre Beziehungen in dieser Zeit kaum etwas bekannt. Von einem direkten Kontakt zwischen Werdener Abt und Essener

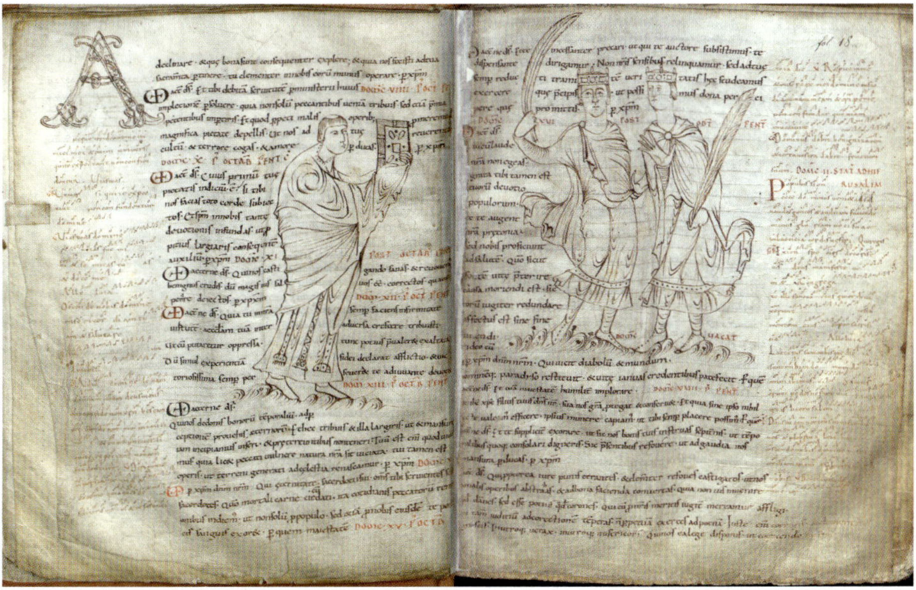

Missale, Dedikationsbild: Ein Mönch überreicht den Essener Stiftspatronen Cosmas und Damian eine Handschrift, Köln (?), 1. Hälfte 10. Jahrhundert, Universitäts- und Landesbibliothek Düsseldorf, D3 fol. 17v und fol. 18r

Äbtissin, also zwischen Mathilde und den Äbten Liudolf (amt. 974–983), Werinbert (amt. 983–1001) und Ratbald (amt. 1001–1015) gibt es zwar keine Zeugnisse, doch ist er anzunehmen. Erst mit dem Testament der Essener Äbtissin Theophanu (amt. 1048–1059) ist belegt, dass Werdener Geistliche auch nach der anfänglichen seelsorgerischen Hilfestellung noch längerfristig und intensiv den Frauenkonvent unterstützten. Im Essener *Liber ordinarius* vom Ende des 14. Jahrhunderts ist eine gemeinsame Bittprozession beider Gemeinschaften verzeichnet. Einmal im Jahr zogen die Essener Stiftsfrauen in einer Prozession Richtung Bredeney und hielten in der von Werden abhängigen Markuskirche einen Gottesdienst ab. Dort trafen sie auf den Abt und die Mönche aus Werden. Im Anschluss bewirteten sich die beiden Konvente gegenseitig.

In der Werdener Benediktinerabtei nahm man sicherlich zur Kenntnis, dass Mathildes enge Verbindung zum Kaiserhaus kostbare Stiftungen und

Schenkungen hervorbrachte. So hat sich in einer Werdener Handschrift möglicherweise ein Nachklang aus der Blütezeit des Essener Stifts erhalten. Die *Vita II* wurde als einzige der drei erhaltenen Liudger-Viten des 9. Jahrhunderts um 1100 in Werden mit einem reichen Bildprogramm ausgestattet. Die heute in der Staatsbibliothek zu Berlin aufbewahrte Vita Ms. theol. lat. fol. 323 enthält insgesamt 22 Miniaturen zum Leben des heiligen Liudger. Das ganzseitige Widmungsbild (fol. 2v) enthält eine zweigeteilte Darstellung. Die untere Bildhälfte zeigt die Werdener Abtei und zwei Mönche mit Schriftrollen. Oben sind der Werdener Klostergründer Liudger sowie der heilige Benedikt als Fürsprecher vor der thronenden Gottesmutter dargestellt. Sie ist mit einer Lilienkrone gekrönt und hält das Kind seitlich auf dem Schoß. Beides erinnert an die Essener Goldene Madonna. Es ist davon auszugehen, dass die Werdener Buchmaler die Goldene Madonna als wichtigstes Kultbild des Essener Frauenstifts kannten, die ab der zweiten Hälfte des 11. Jahrhunderts mit einer kostbaren Lilienkrone bekrönt wurde. Möglicherweise diente die Goldene Madonna als Vorlage für die Darstellung der Gottesmutter im Widmungsbild, ist sie doch durch den Vorhang deutlich als Kultbild kenntlich gemacht. Eine ähnliche Darstellung findet sich auch auf dem 1039/1058 von Theophanu gestifteten goldenen Buchdeckel des Theophanu-Evangeliars, bei der die Goldene Madonna möglicherweise ebenfalls als Vorbild diente.

Anmerkungen

1. *in monasterio sanctimonialium, quod Astnidhi appellatur*, Vita III S. Ludgeri, Lib. II, c.30, zitiert nach Bodarwé 2004, S. 33.

Literatur

Arens 1908, S. 171 f.; Bodarwé 2001; Bodarwé 2004; Drögereit 1957; Elbern 1968.

Widmungsbild aus der Vita II. s. Liudgeri. Die heiligen Benedikt und Liudger vor der thronenden Muttergottes, Werden, um 1100, Staatsbibliothek zu Berlin – Preußischer Kulturbesitz, Ms. theol. lat., fol. 323

Mathilde – Ottonin und Äbtissin

Frauen in der historischen Überlieferung des Frühen Mittelalters

Eva Schlotheuber

Unser Wissen über die Lebenswelt der mittelalterlichen Frauen ist beschränkt, denn nur sehr wenig Literatur wurde von Frauen selbst verfasst. Eine große Ausnahme in ihrer Zeit war Hrotsvit von Gandersheim († 973), die neben Dramen und Heiligenlegenden auch eine Beschreibung der Anfänge des Frauenstifts Gandersheim (*Primordia coenobii Gandeshemensis*) verfasste. Möglicherweise schrieben auch die Stiftsfrauen von Quedlinburg ihre Annalen im 11. Jahrhundert selbst nieder. Dies zeigt schon, dass vor allem adelige Frauen, die ein geistliches Leben führten, in der Lage waren und die Möglichkeit besaßen, als Autorinnen hervorzutreten. Lesen und Schreiben lernte man im Mittelalter anhand der lateinischen Sprache. Latein wurde als Sakralsprache in den Dom- und Konventsschulen vermittelt. Den Frauen blieben die Domschulen jedoch verschlossen, da diese Klerikern und Mönchen vorbehalten waren. Deshalb waren geistliche Institutionen die einzigen Orte, an denen sie Bildung erwerben konnten. Daher reflektiert die überaus selten aus der Perspektive der geistlichen Frauen verfasste Literatur auch meist nur deren direkten Lebensraum.

Abgesehen davon erfahren wir oftmals nur schlaglichtartig aus der Sicht von Klerikern und Mönchen etwas über die politischen Ambitionen, über Heiratsverbindungen und den Handlungsspielraum von Frauen. Das Interesse der geistlichen Chronisten richtete sich dabei auf die Mitglieder der königlichen Familie und des Hochadels oder auf herausragende Gestalten wie die hl. Wiborada, die im 10. Jahrhundert als Einsiedlerin nahe dem Kloster St. Gallen lebte. Diese Frauen traten aufgrund ihrer Herkunft oder ihrer Stellung als selbstständig Handelnde in die Öffentlichkeit. Da Frauen und Kinder nach mittelalterlicher Rechtsvorstellung der Vormundschaft des Mannes unterstanden, agierte in der Regel der Ehemann und Vater für die übrigen Familienmitglieder. Als Witwen waren Frauen jedoch durchaus zu eigenständigem Handeln und zu Stiftungen berechtigt, da sie frei über das Wittum,

Stifteremail des Mathilden-Kreuzes, Essen, um 1050, Domschatz Essen, Inv. Nr. 4

eine mittelalterliche Form der Hinterbliebenen-Vorsorge, und – abhängig vom jeweiligen Erbrecht – auch über das Vermögen des verstorbenen Ehemannes verfügen konnten.

Zahlreiche Frauengemeinschaften wurden im 9. und 10. Jahrhundert im sächsischen Raum gegründet. In Essen, Gandersheim und Quedlinburg leiteten Mitglieder der ottonischen Königsfamilie die überwiegend adeligen Konvente. Die Königsnähe ermöglichte diesen Frauenkommunitäten einen erheblichen politischen Einfluss und führte dazu, dass die üblichen Aufgaben der religiösen Frauen hier besonders akzentuiert waren. Das Gebet der Stiftsfrauen sollte dem Seelenheil der Stifterfamilien und der ihnen verbundenen Kreise zugutekommen. Klöster und Stifte dienten als Zentren des Besitzes und besondere Orte der Herrschaftsrepräsentation. Durch die Übernahme der *memoria* bewahrten die Frauen zugleich die Erinnerung an Herkunft und Taten der Königsfamilie. Insbesondere die ottonischen Frauenstifte dienten in gewisser Weise als ›Gedächtnis‹ der ottonischen Herrschaft. Nicht zuletzt diese Aufgabe legte eine gute Ausbildung der Frauen nahe, die sich nicht nur an bedeutenden christlichen Texten, sondern auch an Werken der klassischen Literatur orientierte. Die Stiftsfrauen in Gandersheim, Quedlinburg und Essen spielten somit in kultureller, sozialer und politischer Hinsicht eine beachtenswerte Rolle und besaßen weitreichenden Einfluss.

Die Verbindung von Reichspolitik und geistlichem Leben stieß gegen Ende des 11. und zu Beginn des 12. Jahrhunderts zunehmend auf Kritik. Infolgedessen formulierten reformorientierte Kreise Aufgabe und Selbstverständnis der geistlichen Frauen grundlegend neu: Sie forderten die strenge Einhaltung der Klausur, ein weltabgewandtes Leben im Gebet hinter den Konventsmauern und setzten Pröpste ein, die die Frauengemeinschaften nach außen vertraten. Gleichzeitig wurde die Stellung der geistlichen Frauen in einer strenger hierarchisch geordneten Kirche neu bestimmt und ihr Handlungsraum tiefgreifend beschnitten. Wir begegnen deshalb vor allem im Frühmittelalter den Äbtissinnen als politisch selbstständig handelnden Frauen, die selbst zur Feder griffen oder deren Stimme die mittelalterlichen Chronisten berücksichtigten.

Eine dieser herausragenden hochadeligen Äbtissinnen war Mathilde von Essen. Wie es üblich war, wurde sie vermutlich sehr jung – im Alter von vier oder fünf Jahren – in das Stift gegeben und dort erzogen. Als Mitglied der kaiserlichen Familie spielte sie selbst wie auch das Essener Stift in der ottonischen Politik eine nicht zu unterschätzende Rolle. Ihr Selbstbewusstsein und ihr Gestaltungswille werden vor allem an den ungewöhnlich umfangreichen und hochrangigen Schenkungen sichtbar. Es erstaunt deshalb nicht, dass sie im Stift als *mater ecclesie nostre*, als »Mutter unserer Kirche«, in Erinnerung blieb.

Literatur

Althoff 1991; Althoff 2003; Schlotheuber 2008.

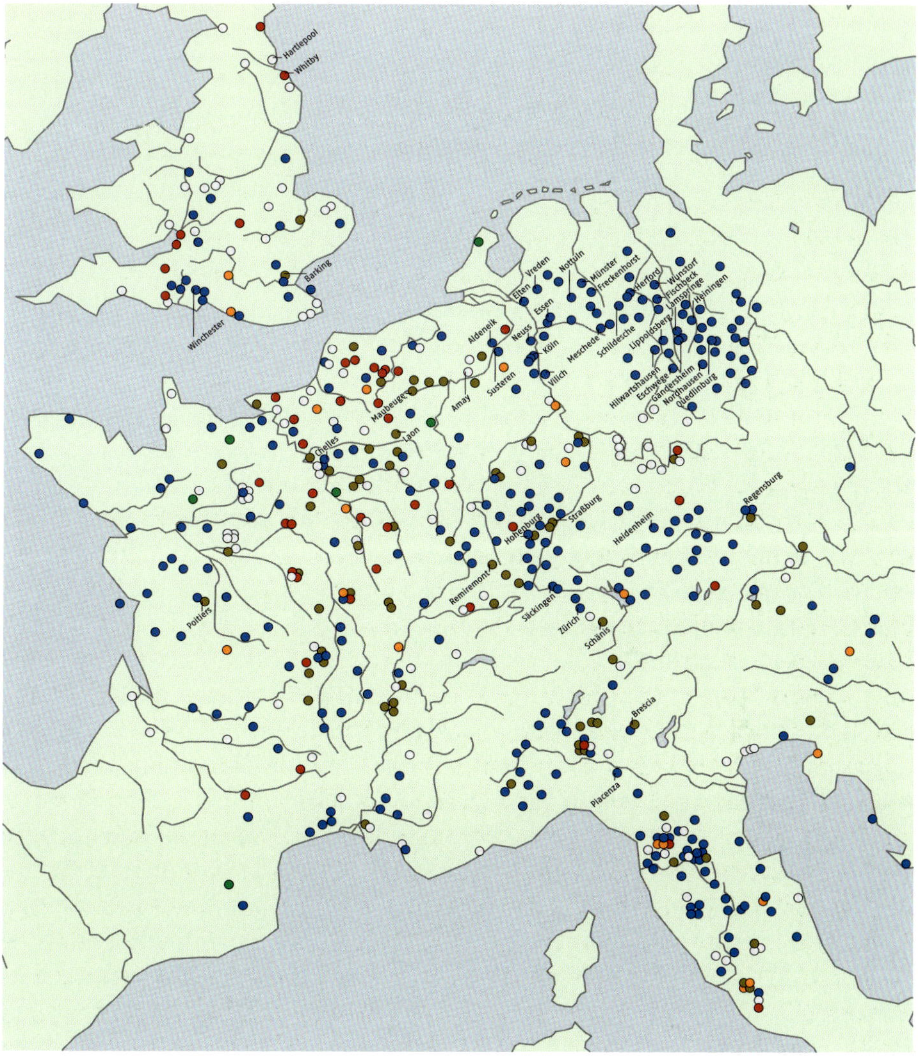

Karte der vor 1100 gegründeten Frauenklöster (Westeuropa außer Spanien und Irland)

- ● Gründungen bis 800, 1100 noch existent
- ● Gründungen bis 800, vor 1100 Männerkonvent
- ○ Gründungen bis 800, vor 1100 aufgehoben
- ● Gründungen 800 bis 1100, 1100 noch existent
- ● Gründungen 800 bis 1100, vor 1100 Männerkloster
- ● Gründungen 800 bis 1100, vor 1100 aufgehoben

Entwurf: Katrinette Bodarwé

Karte der vor 1100 gegründeten Frauenklöster

Die Vita Mathildes

Daniel Cremer

Historische Quellen

»In demselben Jahre wird Liudolf, dem Sohn des Königs, eine Tochter Mathilde geboren«[1], so überliefert Adalbert von Magdeburg in seiner Fortsetzung der Chronik des Regino von Prüm die Geburt Mathildes im Jahr 949. Sie entstammt somit als Enkelin König Ottos I. unmittelbar der ottonischen Familie. In einer königlichen Urkunde wird Mathilde zum ersten Mal am 1. März 966 erwähnt. König Otto I. verfügt darin die Schenkung des Hofes Ehrenzell, den er bereits zuvor auf Bitten seines Sohnes Liudolf dessen Tochter Mathilde vermacht hatte. Als Grund für diese Schenkung wird der Tod Liudolfs († 957) angegeben. Möglicherweise hängt der Übergang des Hofes aus Mathildes Besitz in den des Stifts mit ihrer Aufnahme in die Essener Frauengemeinschaft zusammen. Diese muss demnach zwischen 957, dem Tod ihres Vaters, und 966, dem Zeitpunkt der Ausstellung dieser Urkunde, stattgefunden haben. Am 23. Juli 973 tritt Mathilde dann erstmals in einer Quelle als Äbtissin auf: Otto II. bestätigt ihr in einer Urkunde bestehende Rechte der Essener Frauengemeinschaft. Mathilde ist demnach mindestens seit 973 Äbtissin in Essen. Quellen nennen als direkte Vorgängerin Mathildes eine Äbtissin Ida. Diese ist als Essener Äbtissin durch mehrere Eintragungen in Totenbüchern belegt. Ein heute in der Staatsbibliothek zu Berlin aufbewahrter Äbtissinnenkatalog des Stifts Essen führt sie ebenfalls auf. Der Name Idas mit der Jahreszahl 971 ist dort hinter Äbtissin Hadwig und vor Mathilde eingefügt. Es ist also möglich, dass Mathilde bereits 971 nach Idas Tod Äbtissin von Essen wurde.

Im Jahre 982 reist sie zur Beisetzung ihres kurz zuvor verstorbenen Bruders Herzog Otto von Schwaben und Bayern nach Aschaffenburg. Dies geht aus einem Vermerk hervor, welcher dem Aschaffenburger Evangeliar aus der zweiten Hälfte des 9. Jahrhunderts (Ms. Perg. 37, fol. 2*r) im 11. Jahrhundert

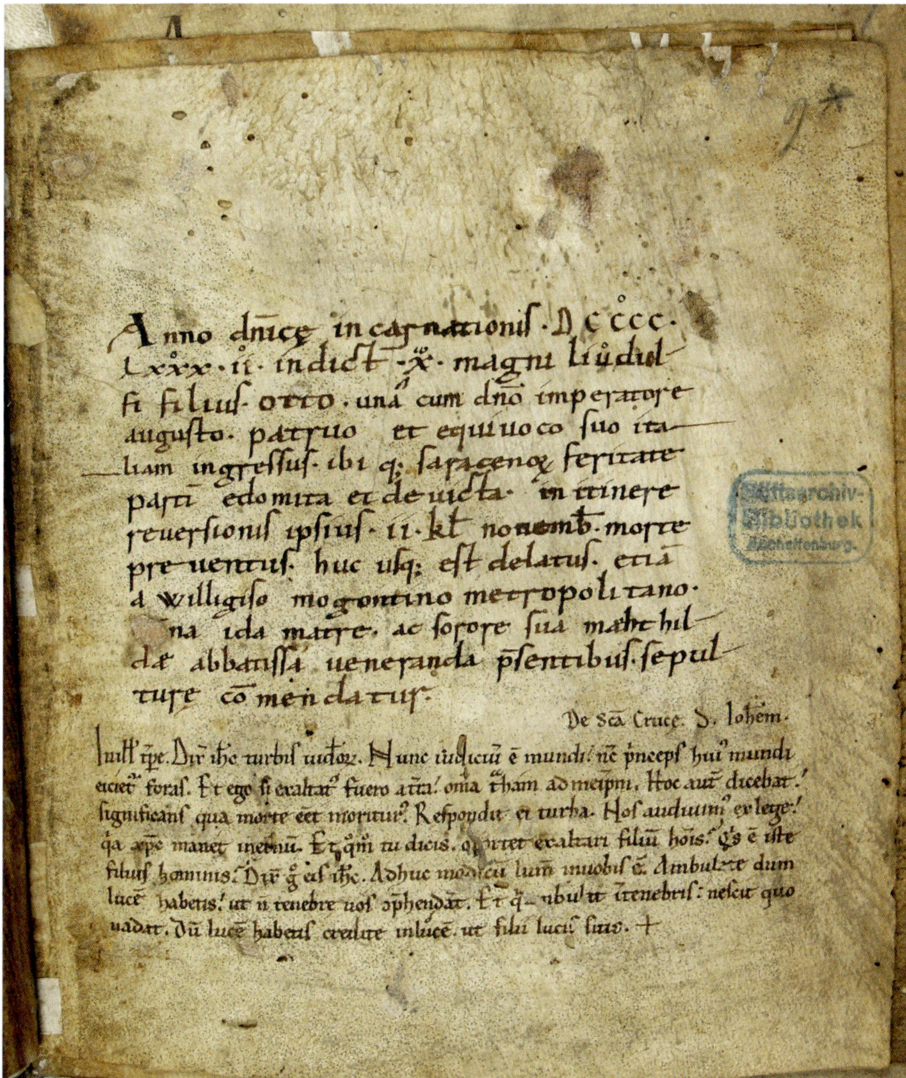

Aschaffenburger Evangeliar, 2. Hälfte 9. Jahrhundert, Eintrag zur Beisetzung Herzog Ottos von Schwaben und Bayern im Beisein seiner Mutter und seiner Schwester Mathilde, 11. Jahrhundert, Aschaffenburger Stiftsbibliothek, Ms. perg. 37, fol. 2*r hinzugefügt wurde. In dieser Handschrift ist zudem eine Gedächtnisstiftung des Mainzer Erzbischofs Willigis für das Andenken an Mathilde und ihren Bruder Otto festgehalten, welche vermutlich noch zu ihren Lebzeiten vorgenommen wurde. Zudem findet sich Mathildes Name in den Widmungsbriefen der Chronik des Æthelweard, welche zwischen 978 und 988, vermutlich auf Bestreben Mathildes, für sie verfasst wurde. Æthelweard führt darin die Abstammung Mathildes und ihrer Familie bis auf den angelsächsischen König Æthelwulf (reg. 839–859) zurück.

In der Folgezeit erscheint Mathildes Name häufiger in den Urkunden König Ottos III. und das auch in solchen, die sich nicht auf das Essener Frauenstift beziehen. Beispiele hierfür sind unter anderem zwei im Jahr 990 in Heiligenstadt ausgestellte Urkunden, welche das Stift Hilwartshausen betreffen. Mathilde tritt in diesen Dokumenten als Bittstellerin auf. Demnach scheint sie sich 990 in Heiligenstadt aufgehalten zu haben. Für Mitte April des Jahres 997 lässt sich ein Aufenthalt Mathildes im Hoflager Ottos III. in Dortmund nachweisen. Zu diesem Zeitpunkt tritt sie in einer Urkunde des Kaisers auf, welche am 18. April ausgestellt wurde. Otto III. hält darin die Schenkung des Ortes Brüggen mit den dazugehörigen Höfen zum Seelenheil seiner Eltern an das Essener Frauenstift fest. In einer am 2. September 997 auf einem Hoftag in Thorr verfassten Urkunde Ottos III. tritt Mathilde ein weiteres Mal als Bittstellerin in fremder Sache auf. Sie war also allem Anschein nach im Jahr 997 für längere Zeit am Hofe Ottos III., da ihre Anwesenheit zum einem an seinem Hoftag in Dortmund und zum anderen eben in Thorr nachweisbar ist. Die letzte Erwähnung Mathildes in einer Urkunde findet sich in einem von König Heinrich II. ausgestellten Dokument vom 23. Januar 1003. Mathilde lässt sich darin bestehende Privilegien und Besitztümer des Essener Stifts bestätigen, um diese auch nach dem Herrscherwechsel zu sichern. Am 5. November 1011 stirbt Mathilde. »Und (der Tod) raubte einen Edelstein aus dem Stamm des Königshauses, die Äbtissin Mathilde, die Tochter Liudolfs«[2], notieren die Quedlinburger Annalen für diesen Tag. Mathildes Todestag ist darüber hinaus in den verschiedenen Essener Totenbüchern festgehalten.

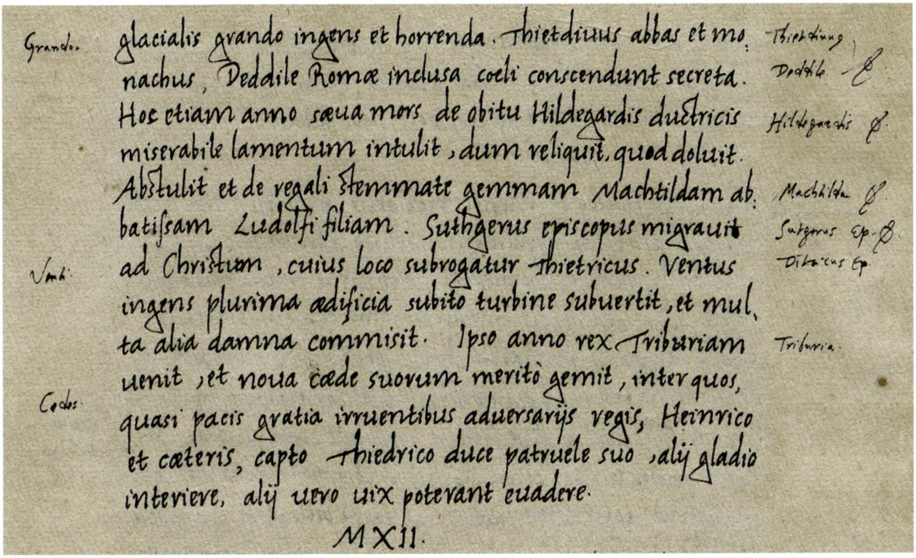
glacialis grando ingens et horrenda. Thietdiuus abbas et mo-
nachus, Deddile Romæ inclusa coeli conscendunt secreta.
Hoc etiam anno sæua mors de obitu Hildegardis ductricis
miserabile lamentum intulit, dum reliquit, quod doluit.
Abstulit et de regali stemmate gemmam Machtildam ab-
batissam Liudolfi filiam. Suthgerus episcopus migrauit
ad Christum, cuius loco subrogatur Thietricus. Ventus
ingens plurima ædificia subito turbine subuertit, et mul-
ta alia damna commisit. Ipso anno rex Triburiam
uenit, et noua cæde suorum merito gemit, inter quos,
quasi pacis gratia irruentibus aduersariis regis, Heinrico
et cæteris, capto Thiedrico duce patruele suo, alii gladio
interiere, alii uero uix poterant euadere.
MXII.

Kopie nach den Quedlinburger Annalen, Eintrag zum Todestag der Äbtissin Mathilde, 16. Jh., Sächsische Landes-, Staats- und Universitätsbibliothek Dresden, Mser. Dresd. Q. 133, Nr. 4

Essener Äbtissinnenlisten

Auch einige Jahrhunderte nach Mathildes Tod entstehen mit den so genannten Äbtissinnenlisten weitere Schriftstücke, in denen sie genannt wird. Für Essen existiert eine Vielzahl solcher Listen, die sich letztlich auf zwei Quellen zurückführen lassen. Zum einen auf den zwischen 1614 und 1644 von Wirich Hiltrop verfassten »Katalog der königlichen Äbtissinnen der Essener Kirche«[3] und zum anderen auf eine heute unbekannte Quelle, welche dem nach seinem Aufbewahrungsort in der königlichen Bibliothek zu Brüssel benannten ›Brüsseler Katalog‹ zugrunde liegt. Hiltrop führt Mathilde als zwölfte Äbtissin des Essener Stifts. Er notiert, sie sei die Tochter Kaiser Ottos II. und seiner Frau Theophanu gewesen. Zudem habe sie, so Hiltrop weiter, das Rellinghausener Frauenstift gegründet und die Reliquien des heiligen Marsus nach Essen überführt.

Der Brüsseler Katalog existiert heute nur noch als Abschrift der vermutlich um 1650 verfassten Original-Handschrift. Mathilde wird hierin als zehnte Äbtissin des Essener Stifts aufgelistet. Sie soll auch hier die Tochter Ottos II. und Theophanus und zudem die Schwester Ottos III. gewesen sein. Ihre Regierungszeit habe in den Jahren um 998 gelegen, während der Amtszeiten Papst Gregors V., Papst Silvesters II. sowie der Regierungszeiten Ottos III. und Heinrichs II. Als Todesdatum nennt der Brüsseler Katalog den 8. Februar, ihr Grab befinde sich in dem von ihr gegründeten Frauenstift in Rellinghausen.

Die Einträge in den Katalogen zeigen, wie weit das Bild Mathildes im 17. Jahrhundert von den historischen Tatsachen abweicht. Denn Mathilde war keineswegs die Tochter Ottos II. und Theophanus. Auch ist sie mitnichten in der Stiftskirche des angeblich von ihr gegründeten Stifts Rellinghausen begraben worden, wie es der Brüsseler Katalog darlegt. Und auch der dort vermerkte Todestag, der 8. Februar, ist der einer anderen Mathilde, nämlich der ersten Äbtissin des Stifts Quedlinburg, die allerdings bereits im Jahr 999 verstarb. Die Quellen, auf die man im 17. Jahrhundert zurückgriff bzw. zurückgreifen konnte, um diese Äbtissinnenlisten zu erstellen, scheinen also fehlerhaft gewesen zu sein.

Alfred Pothmann hat 1987 eine neue Liste der Essener Äbtissinnen veröffentlicht. Er führt Mathilde darin als neunte Äbtissin, die von 971 bis zum 5. November 1011 regierte. Zudem sei sie die Enkelin Kaiser Ottos I. und die Schenkerin einer Reihe kostbarer Stücke des Essener Münsterschatzes gewesen. Außerdem habe sie dem Essener Stift die Herrschaft Breisig geschenkt und den Westbau der Münsterkirche in Auftrag gegeben. Ihre Grablege sah Pothmann weiterhin in der Rellinghausener Stiftskirche. Abgesehen von der Lage des Grabes von Mathilde entspricht der Eintrag größtenteils dem heutigen historischen Kenntnisstand, den wir über Mathilde besitzen.

Rezeption bis in die Gegenwart

Bis in die Gegenwart erscheinen Aufsätze, Artikel und andere (populär-) wissenschaftliche Beiträge, die sich mit Mathilde, ihrem Leben und ihrem Wirken auseinandersetzen. Diese versuchen meist anhand von Schlussfolgerungen aus den wenigen existierenden Quellen, allgemeinem Hintergrundwissen über das Leben von Stiftsfrauen im frühen Mittelalter und anhand von Vergleichen mit anderen weiblichen Lebensläufen ihre Vita und die Geschichte ihrer Errungenschaften zu rekonstruieren. Zwei Beispiele für dieses fortbestehende Interesse an Mathilde sind zum einen Johanna Hundhausens Artikel »Die Blüte des Stiftes unter der großen Äbtissin Mathilde« aus der Zeitschrift »Die Christliche Frau« von 1934 und zum anderen Anni Egers Aufsatz über Mathilde in der Reihe »Herrscherinnen über Essen« aus dem »Münster am Hellweg« von 1954. Dabei sind beide Autorinnen bei der jeweiligen Schilderung von Mathildes Leben darauf bedacht, ein ganz bestimmtes Geschichtsbild wiederzugeben: Die junge Äbtissin Mathilde habe es geschafft, sich in einem von Männern dominierten, frauenfeindlichen Mittelalter den vielen Rückschlägen in ihrem Leben zum Trotz durchzusetzen und sogar am politischen Leben ihrer Zeit teilzuhaben.

Anmerkungen

1. *Eodem anno Liudolfo filio regis Maththildis filia nascitur.* MGH, Scriptores rerum Germanicarum in usum scholarum 50.
2. *Abstulit et de regali stemmate gemmam Machtildam abbatissam, Liudolfi filiam.* Quedlinburger Annalen, MGH, SS III, S. 80.
3. *Catalogus abbatissarum regalis ecclesiae Assindensis.*

Literatur

Althoff/Wollasch 1983, S. XXIV; Bodarwé 2004, S. 53 f., 120; Eger 1954; Giese 2004, S. 531; Hiltrop 1860, S. 456; van Houts 1992, S. 60–68; Hundhausen 1934; Lange 2003, S. 173 ff.; Lehmann 1911, S. 671; Nüssel 2010, S. 17 f.; Pothmann 1987, S. 7; Ribbeck 1900, S. 96 f.; Schilp 2010, S. 12–16, Nr. 19–23; Seemann 1883, S. 3 f.

Mathilde als Mitglied der ottonischen Kaiserfamilie

Anne-Sophie Rüther

Betrachtet man den Stellenwert, den die Institution Familie auch heute noch hat, so fällt es leicht sich auszumalen, wie wichtig die Familie im Mittelalter war. In einer Zeit, die von Gesten und Ritualen lebte und in der Traditionen und Herkunft eine nicht zu unterschätzende Rolle spielten.

Mathilde wurde 949 als erstes Kind Liudolfs von Schwaben und seiner Ehefrau Ida geboren. Ihr Großvater war der 936 in Aachen zum König des ostfränkischen Reiches gekrönte und 962 in Rom zum Kaiser erhobene Otto I., genannt ›der Große‹. Seine Herrschaft stellte die Weichen für das sich im Laufe

Stammbaum der Ottonen

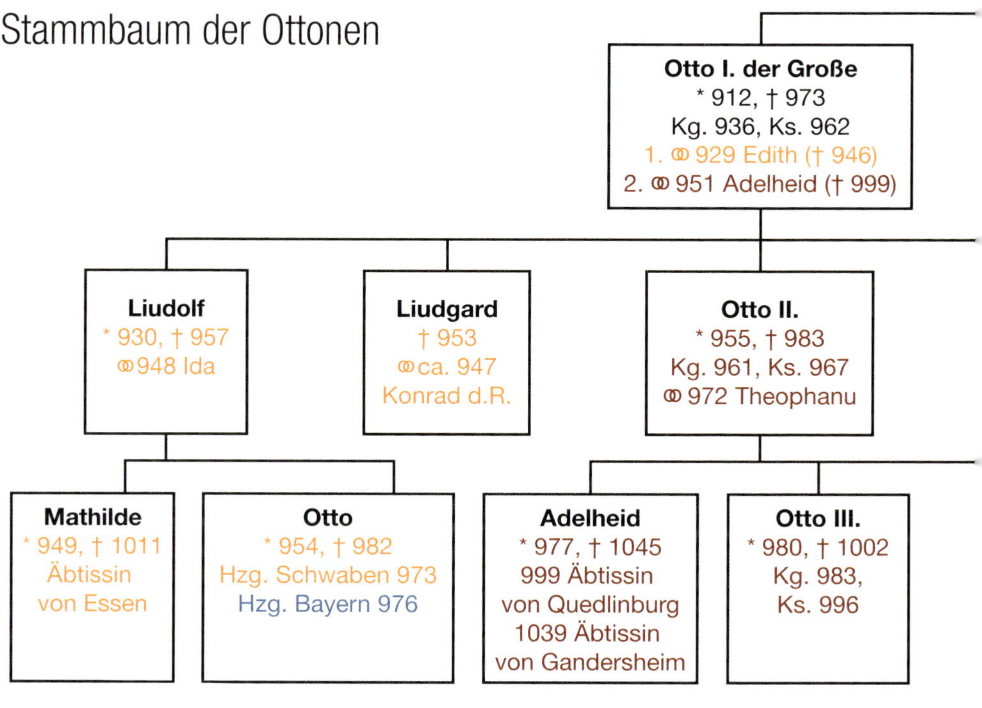

der Jahre entwickelnde Heilige Römische Reich Deutscher Nation, das letztlich bis 1806 bestand. Mathildes Großmutter, Königin Edith, eine englische Prinzessin, starb bereits 946. Ihre Hochzeit mit Otto I. war ein wichtiger Schritt auf dem Weg zur internationalen Legitimation der neuen Dynastie gewesen.

Mathildes Vater Liudolf zog 950 vergeblich auf einen Feldzug nach Italien. Ob er das nach dem Tod des kinderlos gebliebenen italienischen Königs entstandene Machtvakuum nur nutzen wollte, um sein schwäbisches Herzogtum zu vergrößern oder gar um die italienische Krone für sich und seine Familie zu sichern, ist unklar. Sahen doch seine Zeitgenossen im Königreich Italien noch immer das Kernland des antiken Imperium Romanum. Italien zu erobern, bedeutete für sie, in die Fußstapfen der antiken Kaiser zu treten.

Als 951 sein Vater Otto I. ebenfalls über die Alpen zog, muss Liudolf dies als große Demütigung empfunden haben. Denn anders als sein Sohn war

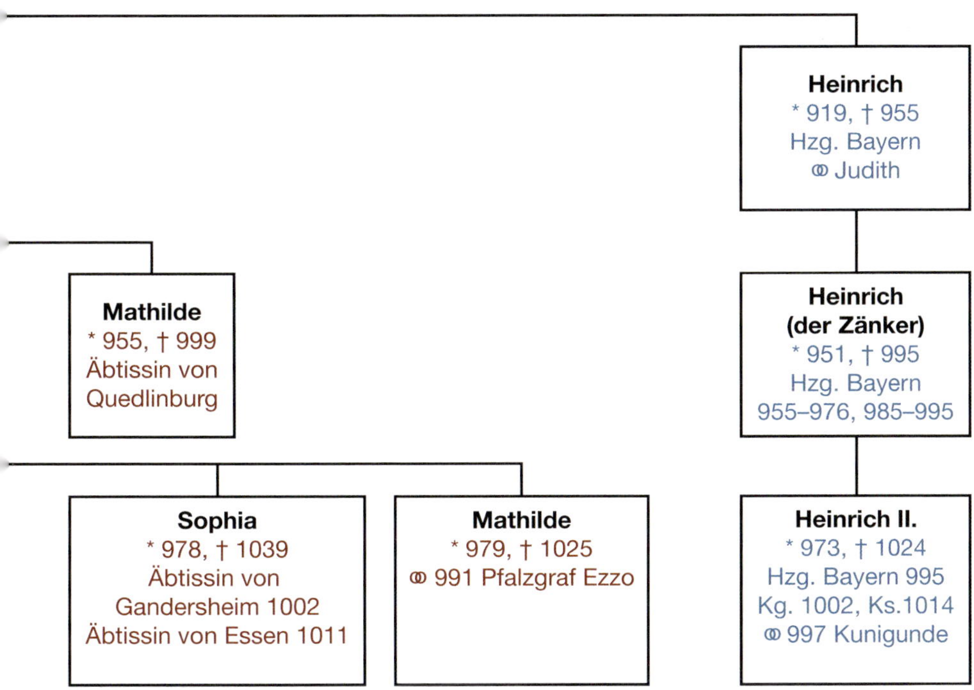

Otto I. militärisch erfolgreich. Zudem schloss er mit Adelheid, der Witwe des italienischen Königs, den Bund der Ehe. Jedenfalls lehnte sich Liudolf nun gemeinsam mit seinem Schwager, Konrad dem Roten, gegen Otto I. auf. Dieser erkannte daraufhin seinem Sohn das Herzogtum Schwaben ab. Verschärft wurde der Konflikt, als in den Jahren 954 und 955 sowohl Liudolf und Ida als auch Otto I. und Adelheid jeweils Eltern eines Sohnes wurden, die beide den programmatischen Namen Otto erhielten. Ob Liudolf nun auch von der Erbfolge ausgeschlossen war, muss offenbleiben, da er bereits 957 starb.

Als Otto I. 973 verstarb, folgte ihm sein Sohn Otto II., Mathildes Onkel, auf den Thron. Bereits ein Jahr zuvor hatte dieser die byzantinische Prinzessin Theophanu geheiratet und somit das internationale Ansehen seiner Familie weiter erhöht. Die Hochzeit mit Theophanu bedeutete vor allem die Anerkennung des neuen weströmischen Kaisers durch das oströmische Kaisertum.

Otto II. verband eine tiefe Zuneigung zu seinem gleichaltrigen Neffen Otto, Mathildes Bruder. So übertrug er noch im Jahr seiner Krönung das Herzogtum Schwaben an ihn. Nachdem der bayerische Herzog Heinrich der Zänker eine Allianz gegen Otto II. gebildet und diesem den Thron streitig zu machen versucht hatte, übertrug Otto II. 976 auch das Herzogtum Bayern an Mathildes Bruder. Damit stand ein kaisertreuer Freund an der Spitze des Unruheherdes Bayern und Herzog Otto wurde so zum mächtigsten Fürsten Südwestdeutschlands. Im Jahr 982 verstarb er kinderlos und Mathilde wurde die Alleinerbin der liudolfingischen Linie der Ottonen.

Ein Jahr später starb auch Otto II. Sein erst 980 geborener Sohn Otto III. war für die Thronfolge noch zu jung, sodass seine Mutter Theophanu und seine Großmutter Adelheid die Regentschaft übernahmen. Immer wieder mussten sie den Königsthron gegen Aufstände verteidigen. In dieser unruhigen Zeit war Mathilde weitestgehend auf sich allein gestellt, besonders nach dem ebenfalls frühen Tod des kinderlosen Otto III. im Jahr 1002. Denn die Frage der Thronfolge entzweite nun die beiden Linien der Ottonen. Durchsetzen konnte sich schließlich Heinrich II. – der Sohn des sich vergeblich um die Krone bemühenden, aufrührerischen Heinrichs des Zänkers –, der bereits 995 das von seinem Vater verlorene Bayern als Herzog Heinrich IV. zurückgewonnen hatte. Daher wird Mathilde die Königswahl Heinrichs II. sicherlich nicht unterstützt haben, zumal Heinrich auch das übrige Familienerbe Mathildes begehrte und sie es bis zu ihrem Tod verteidigen musste.

Insgesamt erlangte Mathilde durch ihre Familie eine Vielzahl von Privilegien und wurde zu einer weithin vernetzten Frau. Gleichzeitig war ihr Leben jedoch auch stets von der Politik und dem diplomatischen Geschick der Familie abhängig.

Literatur

Beuckers 2002, S. 51, 59, 63 f.; Glocker 1989, S. 115; Körntgen 2001, S. 121–129; Laudage 2001, S. 147, 166; Schneidmüller 2007.

Mathilde in Europa – Mobilität und Vernetzung

Raphael Nocken

Die Vorstellung, dass in einem frühmittelalterlichen Frauenstift eine weltabgewandte Lebensweise vorherrschte, bei der die *stabilitas loci*, die dauernde Bindung an einen Ort, wie in einem Kloster gepflegt wurde, ist falsch. Vielmehr muss man annehmen, dass Stiftsfrauen, vor allem aber die Äbtissinnen, aufgrund vielfältiger Verpflichtungen reisten. Im Falle Äbtissin Mathildes sind europaweite Kontakte zu Verwandten und Würdenträgern des Reiches nachweisbar, die deutlich machen, wie sehr Mathildes Einfluss über die Grenzen ihres Stifts hinaus wirkte.

Als Tochter Herzog Liudolfs und Idas von Schwaben war Mathilde eng mit den ottonischen Herrschern verwandt. Aufgrund dieser Herkunft, der *familiaritas*, war Mathilde reichspolitisch bedeutend. Unterstützt wurde diese hervorgehobene Position Mathildes durch die Stellung ihres Frauenstifts, welches schon vor Beginn ihrer Amtszeit zu einem freien Reichsstift erhoben worden war. Essen war also von keinem Landesherrn lehnsabhängig, sondern unterstand nur dem König. Somit stand Mathilde einem der drei wichtigsten Frauenstifte im Reich neben Quedlinburg und Gandersheim vor. Diese besondere Stellung spiegelt sich in den wenigen Quellen wider, in denen Mathilde erwähnt wird. Zwischen den Jahren 990 und 997 wird sie in mehreren Urkunden Ottos II. und Ottos III. als Bittstellerin oder Zeugin erwähnt. Sie zeigen, dass sich Mathilde nicht ausschließlich in Essen aufgehalten haben kann, da die Urkunden unter anderem in Heiligenstadt und Thorr ausgestellt worden sind.[1]

Als weiteres Beispiel für den politischen Einfluss, den Mathilde überregional ausgeübt haben wird, muss der Kampf um die Regentschaft nach dem Tode Ottos II. erwähnt werden. Mathilde, die seit dem Tod ihres Bruders Otto von Schwaben und Bayern in den Besitz der Hausgüter des liudolfingischen Familienzweiges gelangt war, unterstützte im ausbrechenden Streit um die königliche Thronnachfolge den noch minderjährigen Otto III. sowie dessen

Mutter Theophanu. Diese wollte die Herrschaft stellvertretend für Otto III. bis zu dessen Volljährigkeit übernehmen. Kontrahent in dieser Auseinandersetzung war Heinrich der Zänker, welcher zuvor das ihm von Kaiser Otto II. entzogene Herzogtum Bayern an Mathildes Bruder verloren hatte. Zwar lässt sich Mathildes Beitrag in dieser Auseinandersetzung quellenkundlich nicht belegen, doch scheint es nur logisch, dass sich Mathilde gegen Heinrich den Zänker engagiert hat, da sie von diesem keine Unterstützung für ihr Stift hätte erwarten können, wäre es ihm gelungen, seinen Anspruch auf die Herrscherwürde durchzusetzen.

Ein weiteres Zeichen für den überregionalen Einfluss Mathildes sind die vielzähligen Reliquien, die während ihrer Amtszeit nach Essen gelangt sind. So zum einen die Marsus-Reliquien, die auf Vermittlung Ottos III. in den Besitz des Frauenstifts übertragen wurden, wie auch die Reliquien des heiligen Florinus und anderer südwestdeutscher Heiliger. Anhand deren Herkunft lässt sich zeigen, wie sich Mathildes Kontakte über Koblenz, das Herzogtum Schwaben sowie die Grafschaft Unterrätien bis hin zu den Alpenpässen in den Bündner Alpen erstreckten.

Anmerkungen

1. MGH, DO III, 59 und 60.

Literatur

Bernhardt 1993, S. 190; Bodarwé 2004, S. 54 f.; Küppers-Braun 2002, S. 81, 170; Röckelein 2003, S. 84; Van Houts 1992, S. 63, 65 f.

Die Æethelweard-Chronik

Birgitta Falk/Raphael Nocken

Vermutlich zwischen 978 und 988 gab Äbtissin Mathilde in England bei einem gewissen Æthelweard (Ethelward) eine Geschichte ihrer angelsächsischen Vorfahren in Auftrag. Æthelweard hatte zu diesem Zeitpunkt bereits eine Chronik des angelsächsichen Königshauses verfasst, die bis zum Jahre 975 reicht. Er war der Urenkel Æthelreds, des Bruders von König Alfred dem Großen, und hatte das Amt eines Ealdorman oder Earl der westlichen Provinzen inne, womit vermutlich die Grafschaft Wessex gemeint ist. Erstmals 973 als *dux* oder *ealdorman* erwähnt bleibt er bis 998 in den Quellen greifbar.

Die älteste bekannte Abschrift der Chronik wird in den Beginn des 11. Jahrhunderts datiert. Bei einem Brand im Jahre 1731 wurde die Handschrift schwer beschädigt. Im 19. Jahrhundert konnten 18 stark verkohlte Blätter im British Museum wieder entdeckt und gesichert werden. Sie liegen heute in der British Library in London.[1] Bereits vor dem Brand war der Text der Chronik im 16. Jahrhundert gedruckt worden. Seither gehört die Chronik zum Fundus angelsächsischer Geschichtsschreibung.

Auf eine etwas längere Vorrede folgen vier Bücher, in denen Æthelweard die Menschheitsgeschichte von der Erschaffung der Welt bis zum Jahr 975 beschreibt. Den Kapiteln 2 bis 4 sind jeweils kürzere Prologe vorangestellt. In der Vorrede widmet Æthelweard die Chronik seiner Verwandten Mathilde, die er zudem in allen Prologen erwähnt. Im Text von Kapitel 4 erläutert er, dass Mathilde von König Alfred abstamme, während er selbst ein Nachkomme von dessen Bruder Æthelraed sei.

In der Vorrede spricht der Autor Mathilde direkt an. Offenbar verfasste er die Chronik auf ihren Wunsch hin. Æthelweard schrieb sein Werk in einem schwierig zu verstehenden Latein. Möglicherweise verzichtete er darauf, in Altenglisch zu schreiben, damit Mathilde die Chronik verstehen konnte.

Die Æthelweard-Chronik ist ein wichtiger Beitrag zur Entwicklung einer Memorialtradition innerhalb der Familie der Liudolfinger durch das Essener Frauenstift. Nach dem Aussterben der sächsisch-liudolfingischen Hauslinie im männlichen Stamm war dies von besonderer Bedeutung. Æthelweards Geschichtswerk diente dazu, Mathilde das Totengedenken an die englischen Vorfahren ihres Geschlechts zu ermöglichen. Dazu passt auch Æthelweards Wunsch am Ende der Vorrede, Mathilde solle doch Nachforschungen anstellen, was aus einer Verwandten geworden sei, die an einen König nahe der Alpen verheiratet worden sei (*regi iuxta Iupitereos montes*).

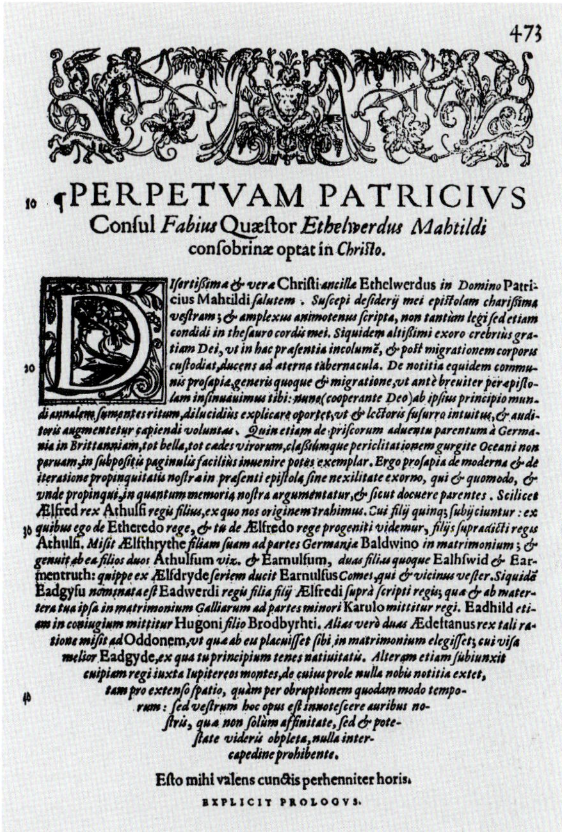

473

PERPETVAM PATRICIVS Consul *Fabius* Quæstor *Ethelwerdus Mahtildi* consobrinæ optat in *Christo*.

D*Isertissima & vera* Christi *ancillæ* Ethelwerdus *in Domino* Patricius Mahtildi *salutem. Suscepi desiderij mei epistolam charissimam vestram; & amplexus animotenus scripta, non tantùm legi sed etiam condidi in thesauro cordis mei. Siquidem altissimi exoro crebrius gratiam Dei, vt in hac præsentia incolumẽ, & post migrationem corporis custodiat, ducens ad æterna tabernacula. De notitia equidem communis prosapiæ, generis quoque & migratione, vt antè breuiter per epistolam insinuauimus tibi: nunc (cooperante Deo) ab ipsius principio mundi annalem sumentes ritum, dilucidiùs explicare oportet, vt & lectoris susurro intuitus, & auditoris augmentetur capiendi voluntas. Quin etiam de priscorum aduentu parentum à Germania in Brittanniam, tot bella, tot cædes virorum, classiumque periclitationem gurgite Oceani non paruam, in subpositis paginulis faciliùs inuenire potes exemplar. Ergo prosapia de moderna & de iteratione propinquitatis nostra in præsenti epistola sine nexilitate exorno, qui & quomodo, & vnde propinqui, in quantum memoria nostra argumentatur, & sicut docuere parentes. Scilicet* Ælfred *rex* Athulfi *regis filius, ex quo nos originem trahimus. Cui filij quinq; subijciuntur: ex quibus ego de* Etheredo *rege, & tu de* Ælfredo *rege progeniti videmur, filijs supradicti regis* Athulfi. *Misit* Ælfthrythe *filiam suam ad partes Germaniæ* Baldwino *in matrimonium; & genuit ab ea filios duos* Athulfum *viz. &* Earnulfum, *duas filias quoque* Ealhswid *&* Earmentruth: *quippe ex* Ælfdryde *seriem ducit* Earnulfus *Comes, qui & vicinus vester. Siquidẽ* Eadgysu *nominata est* Eadwerdi *regis filia filij* Ælfredi *suprà scripti regis; quæ & ab matertera tua ipsa in matrimonium Galliarum ad partes minori* Karulo *mittitur regi.* Eadhild *etiam in coniugium mittitur* Hugoni *filio* Brodbyrhti. *Alias verò duas* Ædelstanus *rex tali ratione misit ad* Oddonem, *vt quæ ab eis placuisset sibi in matrimonium elegisset; cui visa melior* Eadgyde, *ex qua tu principium tenes natiuitatis. Alteram etiam subiunxit cuipiam regi iuxta Iupitereos montes, de cuius prole nulla nobis notitia extet, tam pro extenso spatio, quàm per obruptionem quodam modo temporum: sed vestrum hoc opus est innotescere auribus nostris, quæ non solùm affinitate, sed & potestate videris obpleta, nulla intercapedine prohibente.*

Esto mihi valens cunctis perhenniter horis.

EXPLICIT PROLOGVS.

Die erste gedruckte Ausgabe der Æthelweard-Chronik entstand 1596. Die Abbildung zeigt den Beginn des ersten Prologes. Æthelweard spricht darin Mathilde direkt als begabte und wahre Dienerin Gottes an. Aus: Savile 1596, S. 473

Anmerkungen

1. Æthelweard-Chronik, Cotton Manuscripts, Otho A. I-E. XIV, Otho A.x. und Otho A.xii, British Library, London (früher im British Museum).

Literatur

Campbell 1962; Van Houts 1992, S. 63, 65 f.; Savile 1596, S. 472–483.

Mathildes
Amtszeit
in Essen

Die Essener Münsterkirche: Zeugnis ottonischer Baukunst

Bettina Starzetz

Die Geschichte der Essener Münsterkirche beginnt bereits mit der Gründung des Essener Stifts um 850. Doch welchen Anteil hatte Äbtissin Mathilde an diesem monumentalen Zeugnis Essener Entwicklungsgeschichte? Sind vielleicht noch Spuren ihrer Bautätigkeit erhalten?

Als Mathilde dem Stift beitrat, besaß die Kirche ein dreischiffiges Langhaus mit einem erhöhten Mittelschiff. Im Osten schloss sich eine halbrunde Apsis an, hinter der sich eine Außenkrypta befand. Auf der gegenüberliegenden Seite erhob sich ein Westbau. Im Laufe der Amtszeit Mathildes wurden umfassende Umbaumaßnahmen an der Essener Stiftskirche vorgenommen. Diese betrafen zum einen die vollständige Neuerrichtung des Westbaus auf dem Grundriss des Vorgängerbaus und zum anderen Veränderungen an Lang- und Querhaus.

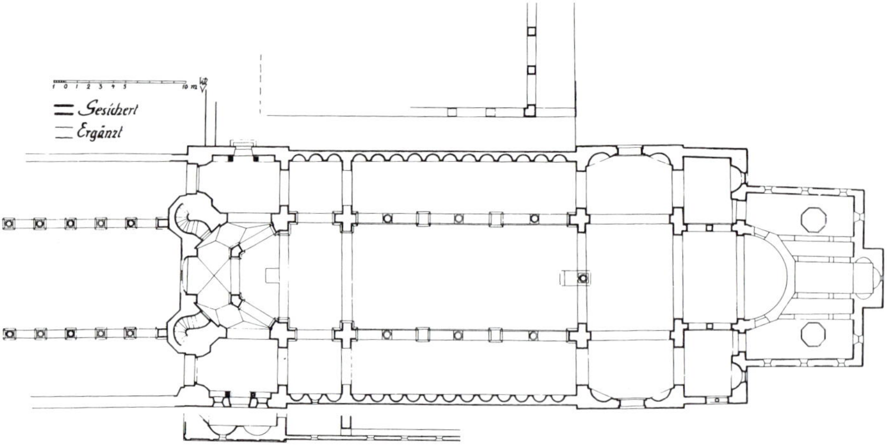

Grundriss des ottonischen Neubaus, Rekonstruktion nach Walther Zimmermann

Innenansicht des Essener Westbaus

Der Westbau ist der älteste und zudem der am besten erhaltene architektonische Bereich der Essener Stiftskirche. Nur die oberste Zone der zwei hervortretenden, eckigen Treppentürme wie auch die Dächer der Fassade des Westbaus sind im Zuge von Umgestaltungen zum gotischen Kirchenbau um 1300 angepasst worden. Die Treppentürme wurden erhöht und rund umgearbeitet sowie die Dächer der Türme spitz ausgeführt. Diese Veränderungen wurden bei Restaurierungsarbeiten zwischen 1848 und 1855 mit dem Versuch einer Wiederherstellung im ottonischen Sinne rückgängig gemacht und sind weitestgehend in dieser Form heute erhalten. In der Forschung wird jedoch angenommen, dass die Treppentürme ursprünglich niedriger ausgeführt waren.

Die Stiftskirche hatte zur Zeit der ottonischen Neuerrichtung noch kein Atrium, sodass der Westbau mit seinem achteckigen Mittelturm und den flankierenden Treppentürmen repräsentativ frei stand. Mit der so genannten Dreiturmfassade verbanden Zeitgenossen das Attribut der Herrschaftsarchitektur. Die oktogonale Form des Mittelturms griff zusätzlich ein Gestaltungselement der Aachener Marienstiftskirche, des heutigen Aachener Doms, auf, die ihrerseits als »architektonisches Sinnbild der Kaiserherrschaft Karls des Großen«[1] verstanden wurde. Die Verbindung von Dreiturmfassade und dem Zitat aus Aachen am Essener Westbau demonstrierte somit die politische Nähe der Stiftskirche sowie seiner Bauherrin zum regierenden Herrschergeschlecht der Ottonen.

Dieser Gedanke setzt sich mit der Übernahme von Architekturelementen aus Aachen im Inneren der Essener Stiftskirche fort. Dies wird besonders im zweizonigen Wandaufriss in der Mitte des Westbaus deutlich, der eindeutig das Motiv aus dem Oktogon in Aachen kopiert: Über dem unteren gedrungenen Rundbogen erhebt sich ein höherer, in dem zwei freistehende Säulenpaare übereinander eingestellt sind. In Essen wurde kein zentraler Raum errichtet, wie die oktogonale Gestalt beim Mittelturm im Außenbau nahelegt. Stattdessen erhebt sich der Wandaufbau auf dem Grundriss eines halbierten Sechsecks, sodass sich der Westbau zum Kircheninneren hin öffnet.

Im Übergang vom Westbau zum Mittelschiff – wo heute der Siebenarmige Leuchter aufgestellt ist – stand zur Zeit Äbtissin Mathildes ein Petrusaltar.[2] Dadurch erhielt die Kirche neben dem Kreuz- und Hochaltar im Osten ein weiteres liturgisches Zentrum, einen Westchor. Mathilde hatte damit die Stiftskirche zu einer Doppelchoranlage aufwerten lassen, wodurch sie auf

Innenansicht des Aachener Oktogons

Nischen in den Wänden der Seitenschiffe des Essener Münsters,
1. Hälfte 11. Jahrhundert

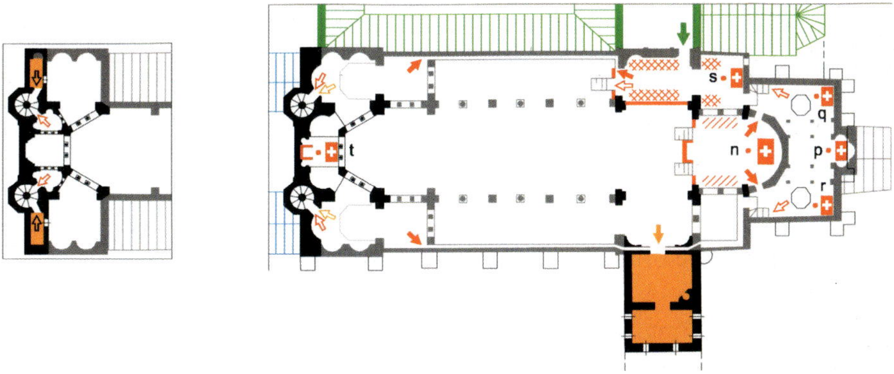

Grundriss der Stiftskirche auf Höhe des ersten Westbau-Obergeschosses, Rekonstruktion des hochmittelalterlichen Zustands

andere hochrangige Kirchen dieses Bautyps anspielte, um ihre hierarchisch-sakrale Position im politischen Machtgefüge zu stärken.

Wie heute gelangte man in ottonischer Zeit über die Zugänge in den Treppentürmen auf die Empore im Westbau. Sie wurde nur von den kleinen, hochrechteckig angeordneten Fenstern in der Westwand des Mittelraums beleuchtet. Vor dieser Wand war nach Clemens Kosch möglicherweise ein ortsfester Thron oder mobiler Sessel aufgestellt, von dem aus die Äbtissin umgeben von Stiftsfrauen der Messe beiwohnen konnte. Aufgrund der Nischengestaltung in der Westwand – wo Platz für liturgische Gegenstände vorhanden gewesen wäre – und einem einst aufgestellten Michaelsaltar geht Clemens Kosch des Weiteren davon aus, dass »neben zeremoniellen auch liturgische Handlungen«[3] auf der Empore stattgefunden haben. Hierfür bot die Empore ursprünglich weitaus mehr Platz, denn die U-förmig gestalteten Emporenbereiche erstreckten sich zur Zeit Mathildes ganzflächig über die Seitenräume des Westbaus bis in den Kirchenraum hinein. Von hier aus verband ein Laufgang, der in den damals niedrigeren Seitenschiffen verlief, die Empore des Westbaus und die Querschiffarme sowie das Chorgestühl im Osten der Kirche.

Der Essener Westbau

Im Westbau sind die meisten Spuren der Bautätigkeit Äbtissin Mathildes erhalten, doch auch in Lang- und Querhaus zeugen vereinzelte Baumotive von ihrer Schaffensphase. Dazu gehören die halbrunden Nischenreihungen in den Seitenschiffmauern des Langhauses. Nachdem sie während der gotischen Umbaumaßnahmen um 1300 zugemauert worden waren, wurden sie in den 1870er Jahren bei Restaurierungsarbeiten wieder entdeckt und anschließend freigelegt. Ebenso zeugen die dreiseitigen Stirnwände der Querhausarme von Mathildes Bautätigkeit. Die stilistische Übereinstimmung der dreiseitigen Gestaltung im Westbau wie auch an den Querhauswänden zeigt, dass Mathilde im ottonischen Neubau eine einheitliche Planung verfolgte. Die Fertigstellung des Neubaus erfolgte allerdings erst unter Äbtissin Theophanu (amt. 1039–1058), die die Ostpartie und die Krypta errichten ließ.

Anmerkungen

1. Lange 2001, S. 49.
2. Vgl. Kosch 2010, 10 f., 14.
3. Kosch 2010, S. 14.

Literatur

Arens 1901; Arens 1906; Bodarwé 2004; Humann 1890; Kosch 2010, S. 10 f., 14; Kränzle 1997, S. 120–157; Küppers 1975; Lange 2001, S. 49, 51 f.; Meyer-Barkhausen 1936, S. 7–30; von Quast 1856, S. 1–20; Zimmermann 1956.

Marsus, Florinus, Lugtrudis …
Reliquienschenkungen und -transfer
Johanna Fleischmann

Ob in Frankreich, Deutschland, Italien oder anderen europäischen Ländern, mittelalterliche Kirchen und kirchliche Institutionen sind ohne Reliquien nicht denkbar. Sie waren allgegenwärtig, ein wichtiger ›Wirtschaftsfaktor im Pilgerwesen‹ und steigerten das Ansehen einer Kirche. Der mittelalterliche Mensch war von einer den Reliquien innewohnenden wundersamen Kraft überzeugt. Im Frühmittelalter wurden die heiligen Gebeine oft als Geschenke dargebracht oder als Tauschobjekt eingesetzt. Im Zuge der Weihe von Kirchen und Altären war es Vorschrift, diese mit Reliquien zu bestücken. Wenn ein Gebiet oder eine Kirche selbst nicht genügend Heilige verzeichnete, mussten Teile von Heiligen aus anderen Gegenden importiert werden. In dem Glauben an die Kraft der Reliquien waren viele Menschen von dem Verlangen besessen, sie zu berühren, zu verehren und selbst zu besitzen.

So ist es kaum verwunderlich, dass die Essener Äbtissinnen versuchten, das Ansehen des Essener Stifts durch eine Vergrößerung des Reliquienbesitzes zu erhöhen. Auch wenn die Quellen für die Zeit Mathildes rar sind, ist unumstritten, dass Mathilde als ›Reliquiensammlerin‹ agierte. Um Reliquien zu erhalten, nutzten Kirchenvertreter, so wahrscheinlich auch Mathilde, verwandtschaftliche oder politische Kontakte. Die genaue Herkunft der Heiligengebeine, die Art ihrer Vermittlung nach Essen und der Zeitpunkt, zu dem sie von den Stiftsfrauen in Essen in Empfang genommen wurden, sind Aspekte, die bislang nur unzureichend geklärt sind. Mit Sicherheit empfing das Essener Frauenstift im Frühen Mittelalter Reliquien des heiligen Marsus, da Mathilde einen kostbaren Schrein in Auftrag gab, in den Überreste des Heiligen gebettet wurden. Die Essener Stiftsfrauen erhielten die Gebeine des heiligen Marsus aus Auxerre, eines Glaubensboten aus Gallien, wohl in der Amtszeit Mathildes in einem Juni der Jahre 999 bis 1002. Mathilde könnte die Schenkung dieser Reliquien durch die Unterstützung ihres Cousins Kaiser Otto III. und des Bischofs von Auxerre erreicht haben.

Marsus-Büste, Köln (?), um 1470/80, Domschatz Essen, Inv. Nr. 37

Neben den Marsusreliquien kamen gegen Ende des 10. bzw. Anfang des 11. Jahrhunderts auch Gebeine der heiligen Liuttrud nach Essen, die vermutlich aus dem Paulusstift aus Corvey stammten. Des Weiteren werden möglicherweise Gebeine der heiligen Walburga, einer angelsächsisch-bayerischen Heiligen, unter Mathilde in das Essener Stift gekommen sein. Es ist denkbar, dass Mathilde ihre verwandtschaftlichen Beziehungen nutzte, um an die Walburga-Reliquien zu gelangen, da in den Jahren 973 bis 982 ihr Bruder Otto als Herzog in Schwaben und Bayern amtierte.

Auch die Reliquien des heiligen Florinus aus dem Florinusstift in Koblenz könnten durch Mathilde und die Nutzung ihrer Netzwerke nach Essen transferiert worden sein, jedoch ist der Zeitpunkt, zu dem die Reliquien in Essen eintrafen, umstritten. Es ist anzunehmen, dass Mathilde zur Zeit der Translation eine gewisse Position innehatte, d. h. dass sie zumindest bereits Stiftsfrau, wenn nicht sogar schon Äbtissin gewesen sein muss. Somit wäre die Translation der Florinus-Reliquien nach Essen frühestens zwischen 971 und 973 zu datieren. Mathilde könnte die Reliquien durch die Hilfe ihres Bruders Otto oder ihrer Mutter Ida erhalten haben.

Für Mathildes Amtszeit lässt sich festhalten, dass die Reliquien des Essener Stifts über zwei Aspekte Aufschluss geben: Zum einen spiegelt der Besitz bedeutsamer Reliquien das Ansehen des Stifts in der damaligen religiösen Welt wider, zum anderen zeigt der Erwerb dieser kostbaren Reliquien, dass die Äbtissinnen familiär wie politisch vernetzt waren. Daher ist zu vermuten, dass auch Mathilde ihr Netzwerk nutzte, um den Reliquienbestand zu vergrößern und dem Essener Stift zu höherem Ansehen zu verhelfen.

Literatur

Pothmann 1984; Pothmann 1985; Röckelein 2000; Röckelein 2002; Röckelein 2003.

Die Essener Bleireliquiare

Christine Bach

Der mittelalterliche Reliquienkult, der sich aus der frühchristlichen Märtyrerverehrung entwickelte, war auch im Essener Frauenstift ein grundlegender Bestandteil der religiösen Praxis. Im Essener Domschatz befinden sich fünfzehn mittelalterliche Bleireliquiare aus dem 10. und 11. Jahrhundert. Sie sind in der Mitte des 18. Jahrhunderts durch Umbauten und Erneuerungen des mittelalterlichen Kirchenraumes und der damit einhergehenden Auflösung von Altären in den Schatzbestand gelangt.

Zu der Ausstattung eines jeden katholischen Altars gehört ein Altar- oder auch Reliquiengrab mit einer Aushöhlung im Altarblock (Stipesgrab) oder in der Altarplatte (Mensagrab). Diese Aussparung im Stein wird *sepulcrum* genannt und dient der Aufnahme von Reliquiaren, die Gegenstände religiöser Verehrung, vorrangig Überreste verehrter Heiliger, enthalten. Die hierzu verwendeten Reliquiare sind also nicht zur repräsentativen Unterbringung der heiligen Gebeine oder gar ihrer Zeigung gedacht, sondern werden dauerhaft im Altar eingeschlossen. Als Verschluss dient eine Steinplatte, bezeichnet als *tabula* oder *sigillum*. Nach der vorgeschriebenen Reliquienbestattung

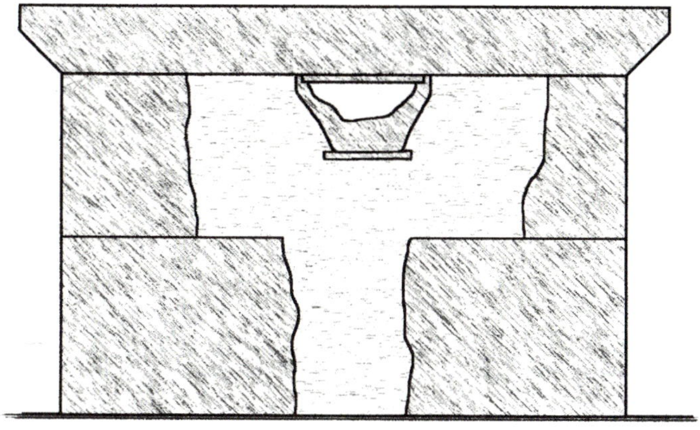

Schnitt durch einen mittelalterlichen Altar mit Altar-Sepulchrum

Reliquienbehälter, Essen (?), Ende 10. Jahrhundert, Domschatz Essen, Inv. Nr. 225 (r2)

Reliquienbehälter, Essen (?), Ende 10. Jahrhundert, Domschatz Essen, Inv. Nr. 228 (r5)

Reliquienbehälter, Essen (?), Ende 10. Jahrhundert,
Domschatz Essen, Inv. Nr. 238 (r15)

im Altar ist dieser geweiht und darf nur noch nach vollzogener Entsakralisierung geöffnet werden.

Vermutlich wählte man bereits im Mittelalter Blei für die Herstellung der Reliquiare, da das Material einerseits leicht formbar und stets verfügbar war, andererseits konservierend wirkte und die Gebeine vor Feuchtigkeit schützte. Die Essener Bleidöschen lassen sich anhand einiger äußerer aber auch innerer Merkmale unterscheiden. So gibt es eingeritzte Inschriften mit Heiligennamen, welche die Zuordnung der Reliquiare und eine Aufzählung der vorhandenen Reliquien ermöglichen. Das Essener Münster verfügte im 14. Jahrhundert über 18 Altäre mit entsprechenden Bleireliquiaren. Doch geben die wenigen Schriftquellen keine Auskunft darüber, welche mittelalterlichen

Altäre und Reliquiare während der Amtszeit der Äbtissin Mathilde entstanden. Dennoch seien im Folgenden zwei Vermutungen genannt:

Der Martinsaltar, der den Hochaltar links flankierte, wurde bereits im frühen Mittelalter neu errichtet. Dies lässt sich aus der Deckelinschrift eines der beiden Bleireliquiare schließen, die im ›neuen Martinsaltar‹ aufgefunden wurden. Die Inschrift, die aus dem 10. oder 11. Jahrhundert stammt, besagt: »Von den Reliquien, die im alten Altar aufgefunden wurden.«[1] (Abb. S. 100 oben und S. 101) Aufgrund der geschätzten Inschriftendatierung darf also davon ausgegangen werden, dass zumindest die Reliquien dieses Kästchens schon zu Mathildes Amtszeit im Stift waren und in einem vergleichbaren Bleireliquiar im ›alten Martinsaltar‹ aufbewahrt wurden. Die Reliquien sind in Stoff gehüllt und altersbedingt beschädigt. Sie weisen Brandspuren auf, die vielleicht auf die Ursache der Neuerrichtung des ersten Martinsaltars hinweisen.

Der Florinusaltar, im nördlichen Seitenschiff gelegen, enthielt zwei Bleireliquiare (Abb. S. 100 unten). Die Inschriften vom Ende des 10. oder Anfang des 11. Jahrhunderts nennen Überreste des Heiligen Florinus. Man weiß von einem Kult dieses Glaubenszeugen im Essener Stift und vermutet, dass die Reliquien durch die verwandtschaftlichen Beziehungen der Äbtissin Mathilde nach Essen gelangten. Die bestückten Reliquiare könnten folglich in ihrer Amtsperiode in den Altar eingelassen worden sein.

Anmerkungen

1. *De reliq(uiis) que inuente sunt in uetere altari*, vgl.: Röckelein 2007, S. 117 f., 143.

Literatur

Abel 1959; Abel 1960a; Abel 1960b; Abel 1960c; Abel 1961; Angenendt 1994, S. 167–182; Braun 1924, S. 525–661; Röckelein 2007.

Die Essener Goldschmiedewerkstatt?

Björn Meiworm

Der Essener Domschatz besitzt eine Sammlung herausragender ottonischer Goldschmiedearbeiten, von denen zahlreiche mit kostbaren Goldemails verziert sind. Woher aber stammen diese Goldemails? Hat Mathilde eine Essener Werkstatt oder Schule – von der oft die Rede ist – begründet? Eine eindeutige Antwort fällt schwer, da die Goldschmiede mit ihren leicht zu transportierenden Werkzeugen zwar sehr ortsflexibel waren, die aufwendige Technik des Goldemails aber temperaturgenaue und damit wohl eher ortsfeste Öfen voraussetzte.

Der Goldschmied ist nur mit genauesten Kenntnissen über alle chemischen und physikalischen Eigenschaften seiner Materialien in der Lage, hochwertige Emails herzustellen. Beim Abschätzen der exakten Temperaturen und Brennzeiten muss er sich auf sein Augenmaß und seine Erfahrung verlassen, denn die heute üblichen Messgeräte stehen ihm um das Jahr 1000 noch nicht zur Verfügung. Erschwert wird die Arbeit zusätzlich durch die Kleinteiligkeit der Emails. Da deren Herstellung ein hohes Maß an Präzision, Erfahrung und handwerklichem Geschick voraussetzte, dürften nur die wenigsten umherziehenden Goldschmiede dazu fähig gewesen sein, qualitativ hochwertige Stücke anzufertigen. Dies erklärt auch die Qualitätsunterschiede der vier Essener Vortragekreuze.

Da alle Essener Kreuze in ihrer Gestaltung vom ältesten, dem Otto-Mathilden-Kreuz, ausgehen, muss dessen persönliche Kenntnis bei den ausführenden Goldschmieden vorausgesetzt werden. Aber die Äbtissinnen werden ihr kostbares Kreuz kaum auswärtigen Handwerkern als Vorlage überlassen haben. Auch war es ihnen sicherlich möglich, das zur Verfügung gestellte kostbare Material innerhalb der Stiftsmauern unter ihrer Aufsicht zu verwahren. Daher können für Essen eine eigene Goldschmiedewerkstatt, wie sie für andere Klöster nachgewiesen ist, und ein geeigneter Brennofen angenommen werden. Zumal es den Äbtissinnen Mathilde und Theophanu durch ihre engen familiären Verbindungen zum ottonischen Kaiserhaus zweifelsohne möglich

Petrusstab, Trier, um 980, Domschatz Limburg a. d. Lahn, Inv. Nr. D2/1

Email des Otto-Mathilden-Kreuzes, Trier (?), nach 983,
Domschatz Essen, Inv. Nr. 3

war, bedeutende Goldschmiede mit Aufträgen zu betrauen und auch nach Essen zu holen.

Die Frage, ob es in Essen unter Mathilde eine eigene Goldschmiedewerkstatt gab, kann also insgesamt bejaht werden. Auch wenn dies nicht die andauernde Nutzung durch einen Goldschmiedemeister und seine Nachfolger, als Schule im engeren Sinne, bedeutet. Eine Produktion von Emails in Essen kann nicht gänzlich ausgeschlossen werden. Von einer stetigen Herstellung vor Ort darf man aber auch nicht ausgehen. Vielmehr werden hin und wieder einige der die Wege zwischen Trier, Köln und Essen umherwandernden Goldschmiede hier mit Aufträgen bedacht worden sein und dabei auch Goldemails hergestellt haben.

So kann für das Otto-Mathilden-Kreuz, früher nach Köln, Trier oder Byzanz lokalisiert, heute durch Vergleiche mit dort gearbeiteten Stücken wie dem Limburger Petrusstab nur Trier als Ursprungsort angenommen werden. Die Emails der Kantenrahmung des Senkschmelzenkreuzes stammen aus einer in Trier geschulten, aber nicht mehr dort tätigen Werkstatt und sind vielleicht in Essen entstanden. Beim Theophanu-Kreuz sind die Emails der Kreuzenden byzantinischer Herkunft und die übrigen stammen aus dem Trierer Umfeld oder aus Regensburg. Diese beiden Kreuze sind möglicherweise in Essen mit Emails aus Handelsware bestückt worden, während das Mathilden-Kreuz wohl vollständig in Essen entstanden ist.

Literatur

Beuckers 2002; Beuckers 2006a, S. 7–15; Bosselmann-Ruickbie 2009; Eckenfels-Kunst 2008, S. 8, 12–29, 38–78, 203; Elbern 1988, S. 6, 111–112; Falk 2009, S. 52, 62; Humann 1904, S. 13, 116–159; Humann 1928, S. 2–25; Kahsnitz 1998/99, S. 130; Küppers/Mikat 1966, S. 44–47, 59–60; von Euw 1972.

Das Otto-Mathilden-Kreuz

Daniela Kaufmann

Namensgeber des Vortragekreuzes sind die Äbtissin Mathilde und ihr Bruder Herzog Otto von Schwaben und Bayern. Beide sind bildlich im Email am unteren Kreuzarm dargestellt. Mathilde stiftete das Kreuz kurz nach dem Tod ihres Bruders, der auf einem kaiserlichen Feldzug 982 in Italien starb.

Als ältestes erhaltenes Beispiel stellt das Otto-Mathilden-Kreuz eine Kombination aus einem plastischen Kruzifix und einem mit Edelsteinen geschmückten Gemmenkreuz dar. Die besondere Qualität des Kreuzes liegt in seiner kunstvollen Ausarbeitung, die durch einen auffälligen Rhythmus der Edelsteine in Farbe und Form bestimmt ist.

Da weder urkundliche noch inschriftliche Zeugnisse existieren, ist eine genaue Bestimmung von Herstellungsort und -zeit schwierig. Als Entstehungsort vermutet man überwiegend Köln, die Emails jedoch werden nach Trier, in die Werkstatt des Trierer Erzbischofs Egbert (amt. 977–993) lokalisiert. Die Verortung nach Köln wird aufgrund der Verbindung zum vermutlich dort entstandenen Lotharkreuz, welches sich heute im Aachener Domschatz befindet, angenommen. Die auffälligste Gemeinsamkeit beider Kreuze zeigt sich in der äußeren Gestaltung mit den verbreiterten Balkenenden.

Neben Köln war Trier wichtiges Zentrum für die Goldschmiedekunst im Reich. Das Essener Kreuz lässt sich mit den Schmelztechniken der Trierer Goldschmiedearbeiten wie beispielsweise der Hülle des Petrusstabes (980) im Limburger Domschatz oder dem Andreas-Tragaltar (ca. 980–993) aus dem Trierer Domschatz vergleichen. Beide Werke weisen eine identische, filigrane Linie aus gestochenen Punkten auf, die die Emails an den inneren Kanten der goldenen Rahmung umläuft. Des Weiteren sind die Augen der Figuren durch kleine schwarze Glaskugeln plastisch hervorgehoben, eine Eigenheit, die sich nur bei Trierer Arbeiten und dem Otto-Mathilden-Kreuz findet.

Das Stifteremail ist also aufgrund der überzeugenden stilistischen Vergleiche in einen Zusammenhang mit Trier zu bringen. Doch dies bedeutet nicht,

Otto-Mathilden-Kreuz, Trier (?), nach 982, Domschatz Essen, Inv. Nr. 3

Rückseite des Otto-Mathilden-Kreuzes, Trier (?), nach 982, Domschatz Essen, Inv. Nr. 3

Lotharkreuz, Westdeutschland, um 980, Domschatz Aachen, Inv. Nr. G 22

dass die Emails, das Kruzifix und die Edelsteinfassungen in derselben Werkstatt entstanden sind.

Die Funktion des Kreuzes kann durch die Darstellung auf dem Email näher bestimmt werden. Die Geschwister zeigen sich selbstbewusst als die letzten Vertreter einer Hauptlinie des ottonischen Herrscherhauses und in Gewändern aus gleichen Stoffen. Ihre Gewandung ist bis in die Musterung hinein identisch und kann somit nicht als Zeichen ihrer Ämter verstanden werden. Mathildes höfische Kleidung betont ihren weltlichen Rang und nicht das geistliche Amt als Äbtissin, auf das die Inschrift verweist. Die Übergabe eines Kreuzes im Email steht repräsentativ für Stiftungen, die durch die Unterstützung ihres Bruders möglich waren. Nach seinem Tod ging das Erbe auf Mathilde über und sie konnte dies für neue Bautätigkeiten und Schenkungen nutzen. So richtete sie in Aschaffenburg eine Gedächtnisstiftung ein, zu der ein Kruzifix gehörte, welches am Grabe Ottos angebracht war. Das aus Holz geschnitzte Kruzifix weist Parallelen zu dem Essener Kreuz auf.[1] Die gemalte Kantenrahmung der Kreuzbalken ahmt die Perlen und Edelsteine des Essener Kreuzes nach.

Das Email des Otto-Mathilden-Kreuzes kann als Memorialbild gedeutet werden und die dargestellte Übergabe des Kreuzes als Antreten des Familienerbes durch Mathilde. Somit erfüllt das Kreuz die Funktion einer Memorialstiftung, die Mathilde im Gedenken an ihren Bruder in Auftrag gab.

Anmerkung

1. Vgl. S. 144–147.

Literatur

Beuckers 2002; Beuckers 2006a; Falk 2009, S. 64 f., Kat.-Nr. 6 (Klaus Gereon Beuckers); Eckenfels-Kunst 2008; Köhn 1957, S. 231–238; Küppers 1966; Westermann-Angerhausen 1973.

Die Goldene Madonna

Birgitta Falk

Von der Gründung an war die Muttergottes Patronin des Essener Frauenstifts. Maria spielte als Identifikationsfigur der geistlichen Frauen eine wichtige Rolle. In der Zeit um 1000 besaß der Konvent Marienreliquien, die in Altären eingeschlossen waren, darunter mehrere Haare und Gewandstücke. Die heute so genannte Goldene Madonna war das bedeutendste Bildwerk der Muttergottes im Frauenstift. Die von allen Seiten plastisch durchgearbeitete, golden glänzende Skulptur kam bei Prozessionen und den wichtigsten Marienfesten zum Einsatz.

Maria sitzt auf einem Schemel, ein leicht übergroßes Jesuskind liegt rechtwinklig zu ihr auf ihrem Schoß, ihr linker Arm stützt seinen Rücken. Die Muttergottes ist mit einer langärmligen Tunika und einem faltenreichen Mantel bekleidet. Auf ihrem Kopf trägt sie einen enganliegenden Schleier, dessen Enden vom Mantel bedeckt werden. Ihre rechte Hand hält mit einer eleganten Geste eine Kugel empor. Das Kind trägt priesterliche Gewandung und einen Kreuznimbus (Heiligenschein). Mit der linken Hand presst es ein Buch auf die Brust. Die rechte Hand – eine Ergänzung des Spätmittelalters – ist leicht erhoben. Ursprünglich wird das Kind die Kugel, die wohl die Welt – den Kosmos – symbolisierte und gleichzeitig als Reichsapfel – als Herrschaftssymbol – zu deuten ist, gesegnet haben.

Der Kern der Skulptur ist aus Holz geschnitzt. Der goldene Glanz kommt von den ausgewalzten, dünnen Goldblechen, mit denen der Holzkern beschlagen ist. An ihren Kanten sind die Bleche mit dünnen Nägeln auf dem Kern befestigt. Die Größe der Platten variiert, da der Künstler sie in Maß und Form an die Figur anpasste. So sind die Gesichter Marias und des Kindes jeweils aus einer einzigen Platte getrieben. Die farbigen Augen von Mutter und Kind sind im Zellenschmelzverfahren gearbeitet. An der Kugel, am Buch und am Heiligenschein des Kindes hat sich der Originalschmuck erhalten, der aus Filigran, Edelsteinen und Emails besteht.

Das Bildwerk wird wegen seiner Machart und seiner stilistischen Eigenheiten von der Kunstgeschichte übereinstimmend auf die Zeit um 980 datiert, also in die Amtszeit Mathildes. Wir wissen weder etwas über den Auftraggeber noch den Künstler. Dennoch darf man annehmen, dass es in Essen entstand. Die Emails für die Augen und den Heiligenschein kamen hingegen vermutlich aus Trier. Ihre Farben, die Herstellungsweise und ihr Stil weisen enge Parallelen zu denen des Essener Otto-Mathilden-Kreuzes auf, die ihrerseits auf die Trierer Egbert-Werkstatt hindeuten.

Es ist zu vermuten, dass das Werk einst selbst Hinweise auf seinen Auftraggeber oder seine Auftraggeberin gab. Eine so bedeutende Figur wäre sicherlich nicht ohne Inschrift geblieben, wie die anderen großen Essener Kunstwerke nahe legen. Doch wurde die Goldene Madonna schon im Mittelalter schwer

Rückansicht der Goldenen Madonna, Westdeutschland, um 980/90, Domschatz Essen, Inv. Nr. 2 (Dom)

Detail des Jesuskinds der Goldenen Madonna, Westdeutschland, um 980/90, Domschatz Essen, Inv. Nr. 2 (Dom)

beschädigt. Am gesamten Thron und auch am Sockel fehlt der originale Besatz aus Goldblech. Er wurde – wohl bereits im 12. Jahrhundert – durch vergoldete Kupferbleche ersetzt. Unter dem Kupfer hängen am Holzkern noch kleine Goldreste an Nägeln fest. Ihre scharfen Kanten weisen darauf hin, dass die Verkleidung grob abgerissen wurde.

Thron und Sockel waren zudem sicherlich reich mit Filigran und Edelsteinen und vielleicht auch mit Email geschmückt. Auf der Oberseite des rechten Schemelbeins hat sich der Rest einer originalen Schmuckplatte mit Filigran und Edelsteinfassungen erhalten. Im Sockelbereich wäre auch eine Inschrift wie am Marsusschein oder am Siebenarmigen Leuchter denkbar, die vielleicht einst verkündete, wer dieses Bildwerk schaffen ließ.

Literatur

Falk 2003; Falk 2009, S. 62 f., Kat.-Nr. 5 (Birgitta Falk); Fehrenbach 1996; Humann 1904, S. 251–266; Pawlik 2011; Pawlik 2011a, S. 301–312, Kat. 11; Pothmann 2000, S. 138–140.

Die Essener Krone

Yvonne Hildwein

Dieses Kleinod der Goldschmiedekunst ist die älteste erhaltene Lilienkrone Europas und diente über Jahrhunderte als Zierde der Essener Goldenen Madonna. Der *Liber ordinarius*, ein Regelbuch für die Gottesdienste und Prozessionen in der Essener Stiftskirche vom Ende des 14. Jahrhunderts erwähnt ein solches Schmuckstück, das jährlich an Mariae Lichtmess (2. Februar) die Statue bekrönt habe. Ähnliche Krönungsriten bestanden bis ins 20. Jahrhundert.

Essener Krone, Westdeutschland, 2. Hälfte 11. Jahrhundert (?), Domschatz Essen, Inv. Nr. 12

Die reiche Verzierung der Krone mit Edelsteinen, Perlen und Goldfiligran erhöht ihren Glanz und steigert ihre Farbenpracht. Auf der Außenseite des Reifes finden sich ornamentale Ranken, korbähnliche Drahtkrönchen sowie mit einem Goldkügelchen geschlossene, kleine Röhren, aus denen Goldblechstreifen hervorbrechen. Die Steine und Perlen waren in einem noch heute nachvollziehbaren Kompositionsschema angeordnet. Vier der acht großen Steine sind unterhalb der Lilien positioniert und besonders kostbar gefasst. Die Vorderseite der Krone ziert ein Saphir in einer dreieckigen Fassung. Auf dem Kronreif befindet sich ein roter Almandin-Kameo, der eine männliche Figur in Frontalansicht zeigt. Womöglich entstammt dieser einer ostkeltisch-thrakischen Steinschneidewerkstatt am Rande des Römischen Reiches.

Gestalt und Farbsymbolik weisen das Objekt als ›Marienkrone‹ aus: Weiß, Rot und Blau sind die charakteristischen Marienfarben. Die Perlen verweisen auf die Reinheit der heiligen Jungfrau und auf die Menschwerdung Christi. Die Schwertlilie symbolisiert das durchdringende Leid der Gottesmutter Maria im Augenblick der Passion Christi, die Madonnen-Lilie steht für Unschuld und die unbefleckte Empfängnis.

Die Essener Krone gibt der Forschung seit jeher Rätsel auf, da ihr Entstehungsort und ihr Auftraggeber unbekannt sind. Bis heute ist die Datierung des Werks aufgrund fehlender schriftlicher Zeugnisse umstritten. Unbestätigt ist auch die Vermutung, Otto III. sei 983 mit eben dieser Krone in Aachen gekrönt worden. Gleichwohl begründete diese Annahme lange Zeit die noch heute bestehende Lokaltradition der ›Kinderkrone Ottos III.‹.

Aus den engen Beziehungen der Äbtissin Mathilde zum Kaiserhaus und der hohen Stellung des Essener Stifts ergaben sich zahlreiche Schenkungen und Votivgaben. So könnte Otto III. die Krone gestiftet haben, um das Essener Frauenstift und seine Cousine Mathilde zu ehren und ihre wichtige Stellung im Reich hervorzuheben. Dass die Essener Krone ein Geschenk an Mathilde war, legt die enge Verbindung des Werkes zur Goldenen Madonna nahe. Gleichermaßen unbestätigt bleibt die These, Mathilde selbst habe die Krone gestiftet.

Auch die Datierung des Objekts gestaltet sich schwierig. Die Essener Krone weist einige Formelemente wie die feinen Filigranschlingen auf, für die es datierbare Vergleichsbeispiele erst aus der zweiten Hälfte des 11. Jahrhunderts gibt. Daher könnte sie auch nicht zu Mathildes Lebzeiten, sondern erst gegen Mitte oder Ende des 11. Jahrhunderts angefertigt worden sein.

Generell kann die Darstellung einer thronenden Maria als gekrönte Himmelskönigin als repräsentative Selbstdarstellung der Institution Kirche, in diesem Falle des Essener Frauenstifts mit seinem Bezug zum ottonischen Herrscherhaus, angesehen werden.

Literatur

Ausst.-Kat. Essen/Bonn 2005, S. 166–167, Kat.- Nr. 1 (Birgitta Falk); Ausst.-Kat Hildesheim 1993, Bd. 2, S. 79–81, Kat.-Nr. II-32; Biehn 1957, S. 92–95, Kat. Nr. 9; Falk 2009, S. 92–93, Kat.-Nr. 19 (Birgitta Falk); Fehrenbach 1996, S. 47–50; Humann 1904, S. 261–266; Krug 2002; Messerer 1950, S. 78–81; Pothmann 1988, S. 7 f.; Schnitzler 1957, Bd. 1, S. 31 f., Nr. 40.

Die Elfenbeintafeln

Biayna Yousefi

Erstmals sind die Essener Elfenbeintafeln im Jahre 1918 durch Adolph Goldschmidts umfangreiche Elfenbeinforschungen stilistisch und formal mit zwei weiteren Tafeln in Verbindung gebracht worden. Diese befinden sich im British Museum in London und zeigen Darstellungen des ›Abendmahls‹ sowie ›Christus am Ölberg‹. Seither werden alle vier Tafeln für zusammengehörig erklärt und als aus dem Essener Frauenstift stammend anerkannt.

Ihrem Format nach zu urteilen, dienten sie vermutlich als Schmuck eines Buchdeckels oder eines Reliquienkästchens. Ebenso wird in Erwägung gezogen, dass sie einem größeren christologischen Zyklus angehörten.

In ihrer Komposition zeichnen sich beide Tafeln durch eine Fülle an Figuren und Ornamenten aus, welche den gesamten Bildgrund bestimmen. Deutlich wird dies insbesondere bei der Darstellung der ›Kreuzigung‹. Hier nimmt das zentral positionierte Kreuz mit der Christusfigur den gesamten Bildraum ein und teilt diesen in zwei horizontale Bildflächen. Im oberen Bildfeld befinden sich Medaillons mit den Personifikationen von Sonne (*sol*) und Mond (*luna*), die beide eine Fackel in den Händen tragen. Im unteren Bereich befinden sich zur linken Seite des Kreuzes die Figur der Maria und zur Rechten die des Johannes. Mimik und Gestik der Figuren lassen Trauer erkennen.

Auch die Darstellung der ›Drei Frauen am Grabe‹ wird in horizontale Bildfelder aufgeteilt und durch zahlreiche Figuren ausgefüllt. Im unteren Bereich befinden sich die drei Marien, welche eng aneinandergereiht und identisch gestaltet sind. Daneben werden zwei schlafende Wächter mit Lanze und Schild aufgeführt. Im oberen Feld befindet sich das selten dargestellte Motiv der auf dem Sarkophag sitzenden und die Auferstehung Christi verkündenden zwei Engel.

Die plastische Wirkung der Figuren scheint gegenüber dem dekorativen Charakter der Gestaltung weniger beachtet worden zu sein, da die Figuren durch ihre Flächigkeit bestechen. Die Ornamentik jedoch wird in diesen

Tafeln durch das im Rahmen verwendete Palmettenfries und das sich häufig wiederholende Perlstabmotiv, welches nahezu alle Gegenstände umrahmt, zum bestimmenden Bildelement.

Die stilistische Einordnung sowie die Datierung der Tafeln erweisen sich aufgrund von fehlenden Vergleichsbeispielen als schwierig, wodurch sich auch kein expliziter Bezug zu Äbtissin Mathilde herstellen lässt. Eine der Forschungsmeinungen geht von einer provinziellen Werkstatt aus, die nach Vorlagen der spätkarolingischen Hofschule Karls des Großen und der Metzer Gruppe gearbeitet habe und antik-klassische Formen der karolingischen Kunst aufweise. Eine weitere Forschungsmeinung hingegen lokalisiert die Tafeln nach Lothringen und datiert sie auf die Mitte des 10. Jahrhunderts. So würden die Tafeln eine Tendenz der Umformung karolingischer Vorbilder zeigen, die sich zwischen der früheren Metzer Gruppe und den Trierer Arbeiten einordnen lassen, auch wenn deren Plastizität, Ausdruckskraft und Eleganz hier nicht umgesetzt sind.

Glaubt man der letzteren Meinung, so wird der Bezug zu Mathilde greifbarer: Demnach wären die Tafeln vermutlich zur Zeit Mathildes entstanden und als Stiftung oder Geschenk in den Essener Kirchenschatz eingegangen. Ein konkreter Bezug zu Äbtissin Mathilde konnte jedoch bis heute nicht bewiesen werden.

Literatur

Ausst.-Kat. Essen/Bonn 2005, S. 277, Kat.-Nr. 156 c, d (Birgitta Falk); Ausst.-Kat. Hildesheim 1993, S. 393 ff., Kat.-Nr. VI-58 (Rainer Kahsnitz); Ausst.-Kat. Magdeburg 2001, S. 144 ff., Kat.-Nr. III.24 (Theo Jülich); Goldschmidt 1918, S. 37, Nr. 89 f.; Humann 1904, S. 92 ff.

Elfenbeintafel mit der Darstellung der Kreuzigung, Lothringen (?), 10. Jahrhundert, Domschatz Essen, Inv. Nr. 15

Elfenbeintafel mit der Darstellung der Frauen am Grab Christi, Lothringen (?), 10. Jahrhundert, Domschatz Essen, Inv. Nr. 16

Der fatimidische Bergkristall

Georgina Koch

Die Bezeichnung ›fatimidisch‹ verweist auf die Entstehung des Bergkristalls unter der islamischen Herrscherdynastie der Fatimiden, die Ägypten im Jahre 969 erobert hatte. Sie führte das Land in eine kulturelle Blütezeit, deren Keimzelle die neu gegründete Palaststadt Kairo war. Das Zentrum des Reiches entwickelte sich schnell zur führenden Produktionsstätte kunstvoller Arbeiten aus Bergkristall. Einer dieser kostbaren Kristalle hat sich im Essener Domschatz erhalten.

Der Korpus des Edelsteins ist schlank und wird ausgehend von der runden Wölbung der Gefäßschultern nach unten hin schmaler. Er wirkt recht flach, da sich seine zwei Schauseiten nur leicht nach außen wölben. Beide Flächen füllt ein Hochschnitt-Ornament aus symmetrisch aufstrebenden Ranken, die sich auf verschiedenen Höhen einrollen und mit stilisierten Blattformen besetzt sind.

Der klare Stein steht erhoben auf einem dreibeinigen Fuß. Während die schlichte Fassung unten die sich verjüngende Form des Kristalls fortführt, rahmen krabbenbesetzte Stege die Schauflächen. Ein klappbarer Verschluss in der Form eines Spitzkegels bekrönt das Gefäß. Man ergänzte diese Montierung, die dem Bergkristall die heutige Form als Schaureliquiar verlieh, erst zwei Jahrhunderte nach dem Tode Mathildes. Dennoch ist der Edelstein wohl mit Mathildes Amtszeit in Verbindung zu bringen, da besonders durch ihre dynastischen Verbindungen der Eingang eines solchen Stückes in den Kirchenschatz denkbar ist.

Fatimidische Bergkristallarbeiten gelangten über Handelswege, Pilgerreisen, den Austausch diplomatischer Geschenke oder Kreuzzüge nach Westeuropa, vornehmlich in den Besitz von Herrschern und Adeligen. Häufig vermittelte das Byzantinische Reich zwischen Morgen- und Abendland. Über die familiären Beziehungen zum oströmischen Herrscherhaus fanden orientalische Kristalle sicherlich den Weg in den Schatz der Ottonenkaiser, aus dessen Bestand man für gottgefällige Schenkungen an Klöster und Stifte schöpfte. So ziert auch eine weitere Stiftung aus der Ära der ottonischen Äbtissinnen, das Theophanu-Kreuz (um 1040/45), bis heute ein fatimidischer Kristall.

Zahlreiche dieser kleinformatigen Edelsteine haben sich in weiteren europäischen Kirchenschätzen erhalten. Lange nahm man an, dass sie in ihrer islamischen Heimat als luxuriöse Parfümflakons oder Kosmetikbehälter einem weltlichen Zweck dienten und dass ihre christliche Umdeutung erst in Westeuropa einsetzte. Der Stein stellte schließlich ein sinnfälliges Reliquiar dar, dessen Härte und Transparenz die Glaubensstärke und Reinheit der Heiligen versinnbildlichte. Zudem verwies er als tatsächlicher Aufbewahrungsort der Reliquien auf den biblischen Aufenthaltsort der Heiligen, das kristallene Meer aus der Offenbarung des Johannes. Die Durchsichtigkeit des Kristalls ermöglichte die als besonders heilsam geltende Schau der Heiligenüberreste, ohne gegen das Verbot der offenen Darbietung von Reliquien zu verstoßen.

Avinoam Shalem geht davon aus, dass man die Kleingefäße bereits im Orient mit der Bestimmung schuf, geweihte Flüssigkeiten aufzunehmen. Diese wurden zum Beispiel bei der Reliquienverehrung eingesetzt. Als Andenken erfreuten sich die Fläschchen bei christlichen Pilgern großer Beliebtheit, da sie ein transportables und authentisches Zeugnis der Reise ins Heilige Land darstellten. Bergkristallgefäße waren aufgrund ihrer Kostbarkeit jedoch wohl wohlhabenden Pilgern vorbehalten.

In der schmalen Röhrenöffnung des Essener Bergkristalls befindet sich heute ein dunkelrotes Stück Stoff. Um welche Art von Reliquie es sich dabei handelt und seit wann sie darin aufbewahrt wird, ist bisher ungeklärt.

Literatur

Ausst.-Kat. Essen/Bonn 2005, S. 271, Kat.-Nr. 149 (Birgitta Falk); Ausst.-Kat. Darmstadt 1992, S. 147, Kat.-Nr. 40 (Theo Jülich); Ausst.-Kat. Hildesheim 1993, S. 391–392, Kat.-Nr. VI-56 (Theo Jülich); Falk 2009, S. 72, Kat.-Nr. 10 (Reinhild Stephan-Maaser); Humann 1904, S. 160–169; Jülich 1992, S. 60–69; Ausst.-Kat. Berlin 1992, Nr. 9, S. 72 (Dietrich Kötzsche); Küppers/Mikat 1966, S. 55 f.; Shalem 1998, S. 17–36; Shalem 1999, S. 289–298; Toussaint 2010, S. 108–117; Wentzel 1972, S. 45–53.

Reliquiar mit fatimidischem Bergkristall, Kristall: Ägypten 10./11. Jahrhundert, Fassung: Westdeutschland, 13. Jahrhundert, Domschatz Essen, Inv. Nr. 17

Fatimidischer Kristall am Theophanu-Kreuz, Essen, 1040/45, Domschatz Essen, Inv. Nr. 6

Das Essener Schwert

Inga Scholl

Obwohl bereits um 1600 Vermutungen darüber angestellt wurden, sind die tatsächliche Herkunft und Funktion des Essener Schwertes bis heute ungeklärt. Sicher weiß man hingegen, dass sein Aufbewahrungsort stets oberirdisch lag – d.h. es wurde nicht in einem Grab aufbewahrt – und dass es zunächst etwa zwanzig Jahre lang als Kampfwaffe in Gebrauch war. Es ist anzunehmen, dass das Schwert durch eine Schenkung in den Besitz des Frauenstifts gelangte. Darauf deuten zum einen sein ursprünglicher Gebrauch im Kampf und zum anderen das Fehlen einer Inschrift hin, wie sie z.B. die Stiftung einer Äbtissin getragen hätte.

Ihre Umgestaltung zum Zeremonialgegenstand erfuhr die Waffe vermutlich bei ihrer Aufnahme in den Essener Stiftsschatz. Dabei erhielt sie die heute noch weitgehend erhaltene Form, welche die Waffe für den Kampf unbrauchbar macht.

Die Parierstange wurde ersetzt und das Schwertgefäß mit dünnem Goldblech ummantelt. Der dichte, größtenteils verlorene Edelstein- und Perlenbesatz des Knaufes lässt nur Raum für kleine Filigranranken. Das Heft ziert ein achsensymmetrisches Filigranornament in Form einer vertikalen Reihung herzförmiger Ranken, die in einer Variation auch auf der waagerechten Oberseite der Parierstange zu finden ist. Vorder- und Rückseite der Parierstange zieren, neben Edelsteinen und ehemals wohl auch Perlen, querrechteckig angebrachte Emailplatten. Die kostbare Klinge mit ihrer aufwendigen Damaszierung ist durch die Schwertscheide dem Betrachterblick entzogen. Die Waffe ist vermutlich gegen Mitte des 10. Jahrhunderts entstanden und hat später durch Nachschleifen etwas von ihrer ursprünglichen Breite eingebüßt. Ihre immer wieder betonte, hervorragende Qualität weist auf einen Auftraggeber am Königshof oder in dessen direktem Umfeld hin.

Die goldgetriebenen und zum Teil stark zerdrückten, auf hölzerne Scheidenbretter montierten Beschläge tragen ein Ornament aus untereinander angeordneten kreisförmigen Ranken. Im Zentrum einer jeden Rankenspirale befinden sich Darstellungen von Tieren und Fabelwesen. Vereinzelt sind

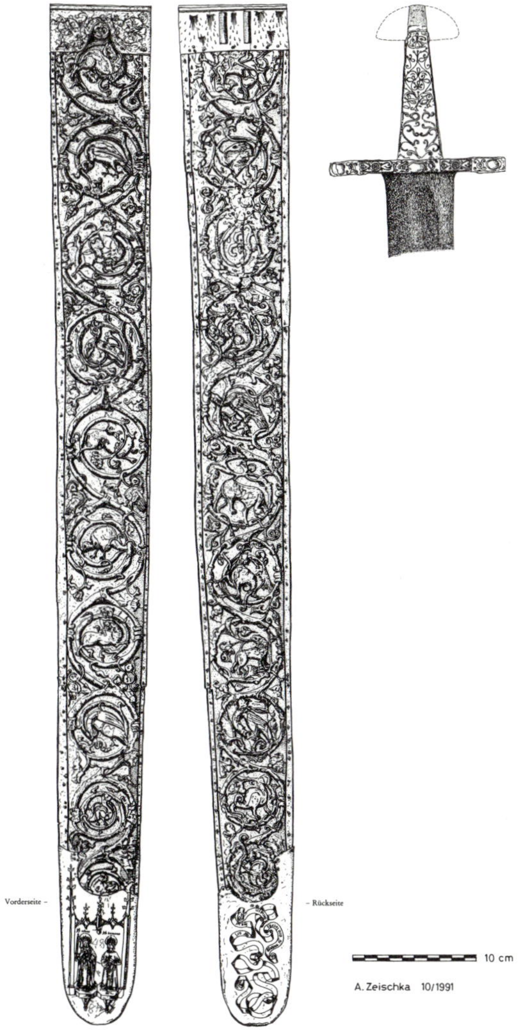

Schematische Darstellung des Essener Prachtschwertes mit seinen Bestandteilen nach Alfred Zeischka

Essener Zeremonialschwert, Schwert: 2. Viertel/Mitte 10. Jahrhundert, Griff- und Scheidenbeschläge: Essen, um 1000, Domschatz Essen, Inv. Nr. 13

Essener Stadtwappen

auch zwischen den Spiralen vogel- und drachenartige Mischwesen oder löwen- oder greifenähnliche Vierfüßler zu finden. Seine nächste Entsprechung hat dieses byzantinisch beeinflusste Ornamentmotiv in den rankenverzierten Feldern des Siebenarmigen Leuchters.[1] Die Umgestaltungsarbeiten von Schwertgefäß und -scheide werden auch deshalb in die Entstehungszeit des Leuchters (um 990/1000) und somit in die Regierungszeit der Äbtissin Mathilde datiert.

Bei Restaurierungsarbeiten gegen Ende des 15. Jahrhunderts sind der Schwertscheide Mundblech und Ortstück aus vergoldetem und graviertem Silberblech angefügt worden. Im Zuge dieser Umgestaltung wurde dem Schwert auch sein Reliquiencharakter im Wortsinn eingraviert. Das Ortstück trägt die Inschrift: »Das Schwert, mit dem unsere Patrone hingerichtet wurden.«[2] Die Legende, dass es sich bei dem Schwert um das Richtschwert der Stiftspatrone Cosmas und Damian handele, hat sich zu einem nicht mehr zu bestimmenden Zeitpunkt entwickelt. Sie wurde aber schon um 1600 von Wirich Hiltrop in seiner *Historia Essendiensis*, der frühesten schriftlichen Quelle, in der das Schwert fassbar ist, angezweifelt. Hiltrop erklärt das Schwert dort zum »Herrschaftszeichen«[3] der Stiftskirche.

Im Essener Stift fand das Schwert wohl Verwendung als Vortrageschwert der Äbtissinnen, als Zeichen von Macht und Würde. Es ist daher sehr wahrscheinlich, dass es aufgrund dieser Funktion Aufnahme in das auch heute noch geführte Wappen der Stadt Essen gefunden hat.

Anmerkungen

1. Vgl. S. 129–133.
2. *Gladius cu(m) quo fueru(n)t decollati p(at)roni n(ost)ri.*
3. Müller 1966, S. 84.

Literatur

Ausst.-Kat. Hildesheim 1993, S. 388–389, Kat.-Nr. VI-54 (Hermann Fillitz); Ausst.-Kat. Magdeburg 2001, S. 21, Kat.-Nr. III (Herbert Westphal, Michael Peter); Falk 2009, S. 68–69, Kat.-Nr. 8 (Birgitta Falk); Müller 1966, S. 56–99; Humann 1904, S. 96–114; Pothmann 1995.

Der Siebenarmige Leuchter

Svea Prechtel

Als älteste erhaltene Nachbildung der Menorah des Alten Testaments ist der Siebenarmige Leuchter im Essener Dom eines der herausragendsten Bronzegusswerke des Mittelalters. Der Leuchter entspricht dem überlieferten Bild des rituellen jüdischen Leuchters. Er steht symbolisch für den Lebensbaum und die Herrlichkeit Jahwes sowie im christlichen Zusammenhang für Christus als das ›Licht der Welt‹. Eine Inschrift ordnet den Leuchter eindeutig Äbtissin Mathilde zu: »Äbtissin Mathilde befahl, mich zu fertigen und weihte mich Christus.«[1]

Der einst feuervergoldete Leuchter ist aus dünnwandigen, hohlen Bronzegliedern zusammengesetzt. Der Hauptschaft ist durch drei kelchartige Elemente gegliedert, aus denen die Arme herauswachsen. Die drei Armpaare und der Stamm enden oben abwechselnd in runden und mehreckigen Lichtertellern. Die Arme schmücken im Wechsel runde und polygonale Knäufe, die vier Knäufe des Leuchterstammes sind rund. Sie sind durch rahmende Formen aus Kreisen, Quadraten und Vierpässen gegliedert, die mit kräftigen Blatt- und Blütenelementen gefüllt sind. Darüber hinaus zieren die runden Knäufe je vier gefasste Edel- und Halbedelsteine. Die mehreckigen Knäufe schmücken an ihren Ecken je zwölf kleine, gegossene Knöpfe.

Auf einem 60 cm hohen Marmorsockel steht der Leuchter auf einem im Grundriss quadratischen Bronzefuß mit Klauenfüßen. Oberhalb des Fußes erhebt sich ein kastenförmiger Sockel, darüber eine kuppelartige Halbkugel, aus der der Hauptschaft hinauswächst. Darüber bildet sich ein nach oben verjüngtes, birnenförmiges Element aus, welches in einem horizontalen Rankenring endet. Die Rankenornamente wiederholen die hochrechteckigen Schmuckfelder, die den sonst glatten Schaft zieren. An der breitesten Stelle des birnenförmigen Elementes befindet sich die Stifterinschrift.

An den Ecken des Bronzefußes befanden sich einst vier dämonische Figuren, die die Himmelsrichtungen symbolisierten. Gekennzeichnet sind diese Figuren durch über die Knie gelegte, gravierte Bänder. Nur die Figur mit der

Siebenarmiger Leuchter, Essen (?), um 990, Domschatz Essen, Inv. Nr. 1 (Dom)

Ornamentring am Siebenarmigen Leuchter, Essen (?), um 990,
Domschatz Essen, Inv. Nr. 1 (Dom)

Windpersonifikation am Siebenarmigen Leuchter, Essen (?), um 990, Domschatz Essen, Inv. Nr. 1 (Dom)

Bezeichnung AQUILO (Norden) ist vollständig erhalten. Der Figur mit der Bezeichnung ORIENS (Osten) fehlt heute der Kopf. Bis zum Rumpf erhalten ist die Figur mit der Bezeichnung OCCIDENS (Westen). Die vierte Figur ist zerstört, nur der Zapfen, mit der sie am Leuchter befestigt war, ist noch zu erkennen.

Aufgrund der wenigen Quellen ist die Frage nach der liturgischen Funktion des Leuchters im Totengedenken Mathildes weitgehend ungeklärt. Die

Nennung ihres Namens und Amtes in der Inschrift lässt vermuten, dass Mathilde besonders auf die Gebete ihrer Stiftsfrauen hoffte. Zudem sollte jeder Betrachter zum Fürbittgebet für die großzügige Schenkerin ermutigt werden. Denn es haben sich zwar weitere Inschriften erhalten, die Mathilde nennen, aber diese nennt sie explizit als alleinige Auftraggeberin. Die ausdrückliche Nennung als Äbtissin und Stifterin unterstreicht zugleich ihre Forderung nach Einbindung in die nach ihrem Tod fortbestehende *memoria* der Essener Frauengemeinschaft. Ihrer memorialen Verpflichtung konnte die Gemeinschaft unter anderem durch Anzünden der Leuchterkerzen an Hoch- und Feiertagen nachkommen. Hierauf haben sich aus späterer Zeit Hinweise erhalten.

Nahm man lange an, dass sich der Leuchter in räumlichem Zusammenhang mit Mathildes Grab befunden habe, schließt man heute aus, dass der Leuchter direkt mit dem Memorialgeschehen am Grab verbunden gewesen war. Somit ist der Siebenarmige Leuchter nicht als Grableuchter im herkömmlichen Sinne, sondern als Memorialleuchter der Äbtissin Mathilde zu verstehen.

Die Frage nach der Herkunft des Leuchters konnte bislang ebenfalls nicht beantwortet werden. In der Forschung wurde häufig auf die um 1000 unter Bischof Bernward in Hildesheim entstandenen Bronzewerke verwiesen. Der byzantinische Einfluss, der in Stil und Ornamentik des Essener Leuchters in auffälliger Weise zur Geltung kommt, lässt dies jedoch unwahrscheinlich erscheinen, da sich ein solcher Einfluss in Hildesheim nicht beobachten lässt. Es ist daher nicht auszuschließen, dass sich zu jener Zeit in Essen eine Werkstatt befunden hat, die Bronzegüsse herstellte. Dort wurde der Siebenarmige Leuchter möglicherweise von einem byzantinischen oder byzantinisch beeinflussten Künstler gefertigt.

Anmerkungen

1. + *MAHTHILD ABBATISSA ME FIERI IUSSIT ET (CHRISTO) CO(N)S(ECRAVIT)* +

Literatur

Arens 1908, S. 89 ff.; Bloch 1961; Ders. 1964; Clemen 1893, S. 288–290; Falk 2009, Kat.-Nr. 7, S. 66; Henkelmann 2007; Humann 1904, S. 172–217; Messerer 1950, S. 24–32; Prechtel 2011.

Der verlorene Marsusschrein

Jennifer Liß

Der um 999/1002 entstandene Marsusschrein war ein Sammelreliquiar. Er enthielt Reliquien des hl. Marsus, der hl. Liuttrud, der Essener Stiftspatrone Cosmas und Damian und anderer Heiliger. Der Schrein ist nicht mehr erhalten. 1794 sollte er aus Furcht vor einem Übergriff französischer Truppen in Sicherheit gebracht werden und wurde dabei unfachmännisch auseinandergenommen. Einige Jahre später konnte man die Metallbeschläge ihren ursprünglichen Anbringungsorten nicht mehr zuordnen und schmolz sie schließlich 1798 ein.

Der hausförmige Schrein war mit einer Größe von 164 × 51 cm, einer Traufhöhe von 41 cm und einer Firsthöhe von 62 cm einer der ersten rheinischen Großschreine. Seine Maße sind durch einen zu Transportzwecken verwendeten Überkasten überliefert, der sich bis in das 20. Jahrhundert erhalten hatte. In dem Schrein befanden sich zwei kleinere Kisten, in denen die Reliquien lagerten. Das Aussehen der Kisten ist zwar unbekannt, doch weiß man, dass sich in der einen die Überreste von Marsus und Liuttrud sowie Herrenreliquien befanden und in der anderen die Reliquien der Stiftspatrone Cosmas und Damian sowie einiger anderer Heiliger. Um 1645 wurde auch das Essener Schwert zumindest für einige Jahre darin aufbewahrt.

Severinusscheibe, Köln, Ende 11. Jahrhundert, Erzbischöfliches Diözesan-Museum

Der Schrein bestand aus massivem Eichenholz, verkleidet

Andreas-Tragaltar, sog. Egbert-Schrein, Trier, 977–993,
Domschatz Trier, Inv. Nr. 5

mit Goldblechen und wertvollen Gemmen, Edelsteinen und Emails. An einer Stirnseite befand sich ein von Gold und Edelsteinen umrahmtes Email mit einem Brustbild Kaiser Ottos II., vergleichbar der Emailscheibe am Severinschrein aus St. Severin in Köln. Um das Email verlief eine griechische Inschrift, die den Schrein als Gedächtnisstiftung für Otto II. offenbarte.[1] Die Längsseiten unterhalb der Traufe könnten, vergleichbar dem Andreas-Tragaltar (ca. 980–993) im Trierer Domschatz, in mehrere Felder unterteilt gewesen sein, welche von Emails, Filigran und Edelsteinplättchen gerahmt gewesen sein könnten. Ebenso unsicher ist die Position der Hauptinschrift auf den Längsseiten, welche übersetzt lautete: »Dieses erhabene Werk, mit Gemmen und Gold verziert, hat Mathilde Theophanu gelobt, was sie wohl (bene) eingelöst hat.«[2] Eine weitere Inschrift am Fuß des Schreins lautete gemäß einer

Überlieferung des Kölner Historiographen Aegidius Gelenius schließlich: »Die Herrin Mathilde, befahl mich zu fertigen.«[3]

Aus Sicht der heutigen Forschung wurde der Schrein von Kaiserin Theophanu als Memorialstiftung für ihren 983 verstorbenen Ehemann Otto II. in Auftrag gegeben und durch Mathilde umgesetzt, nachdem diese um 999 die benötigten Reliquien durch Otto III. erhalten hatte. Es besteht die Möglichkeit, dass der Schrein in einer eigens dafür errichteten Goldschmiedewerkstatt in Essen hergestellt und dort gegen 1002 vollendet wurde, da Mathilde nach diesem Zeitpunkt wohl nicht mehr über die finanziellen Mittel für einen solchen Auftrag verfügte. Nach der Fertigstellung des Chores durch Äbtissin Theophanu wurde der Schrein hinter dem Hochaltar aufgestellt. Auch wenn der Marsusschrein in späterer Zeit an Bedeutung verlor, ist es ein großer Verlust, dass dieses »herausragendste Goldschmiedewerk ottonischer Zeit in Essen und über Essen hinaus« heute nicht mehr erhalten ist. Schließlich war er einer der ersten Großschreine, bestand aus den wertvollsten Materialien, verdeutlichte Mathildes Einfluss im Kaiserhaus und existierte trotz mehrerer Auslagerungen aufgrund des Dreißigjährigen Krieges wie 1622 nach Düsseldorf oder nach Köln 1629, fast 800 Jahre als berühmte ›goldene Kiste von Essen‹.

Anmerkungen

1. *Una in Xpo firma Germanitas. Imperator Romanorum. Gl. Ot.*, Gelenius 1639, S. 50.
2. *Hoc opus eximium, gemmis auroque decorum,/Mathildis vovit, Theophanu quod bene solvit,/Regi dans Regum Mathildt haec crysea dona/...um.../Spiritus Ottonis pauset coelestibus .o..*, Gelenius 1639, S. 49. (Übersetzung Beuckers 2006b, S. 44.)
3. *Domina Mathildt Me fieri iussit*, Gelenius 1639, S. 49.

Literatur

Arens 1908, S. 108, S. 207; Beuckers 2006b, Zitat S. 101; Braun 1940, S. 177 f.; Gelenius 1639, S. 48–50; Honselmann 1960, S. 208–221; Münsterarchiv Essen Konvolut 535.

Das Kreuz mit den großen Senkschmelzen

Ina Thiesies

Das Kreuz mit den großen Senkschmelzen ist nicht nur ein strahlendes Zeichen für den Triumph Christi über Sünde und Tod. Es verkörpert auch den fortlaufenden Wandel, dem gerade Goldschmiedearbeiten des Mittelalters oft unterlagen. Der Holzkern des Kreuzes, sein Mantel aus getriebenem Gold und Kupferblech sowie die vielfarbig gemusterten Emailplättchen seiner Kantenrahmung entstanden um das Jahr 1000, vermutlich sogar in der stiftseigenen Goldschmiedewerkstatt. Die fünf namensgebenden großen Senkschmelzplatten in der Kreuzvierung, an den Kreuzarmen und dem Kreuzstamm sind hingegen nachträgliche Ergänzungen aus dem ersten Viertel des 11. Jahrhunderts. Genau wie die zahlreichen antiken Gemmen, die sich zwischen den bunten Edelsteinen der Kreuzrahmung entdecken lassen, wurden auch sie einem anderen Zusammenhang entnommen und als Schmuck des Essener Kreuzes wiederverwendet. Dabei veränderten die großen Emails die Gestalt des Objektes grundlegend und dauerhaft, indem sie die bestehende Ordnung der Steine und Filigranornamente durchbrachen.

Wie das Kreuz mit den großen Senkschmelzen ausgesehen haben mag, bevor man seiner Schauseite die fünf Emailplatten hinzufügte, lässt sich heute nicht mehr rekonstruieren. Ebenso unklar ist, wer die Umgestaltung anordnete und auch die Frage nach dem ursprünglichen Auftraggeber des Kreuzes muss wohl unbeantwortet bleiben. Lange galt Äbtissin Mathilde als Stifterin des Senkschmelzenkreuzes. Für die späteren Ergänzungen machte man ihre Amtsnachfolgerinnen Sophia bzw. Theophanu verantwortlich. Beide Annahmen beruhen jedoch auf Spekulationen. Die Urheberschaft Mathildes kann weder anhand zeitgenössischer Urkunden belegt werden, noch gibt das Kreuz selbst Auskunft über seinen Ursprung. Im Gegensatz zu den drei anderen Essener Vortragekreuzen besitzt es keine Stifterinschrift und auch kein Stifteremail. Die Vermutung, eine solche Inschrift sei früher vorhanden gewesen, aber im Zuge von Restaurierungsarbeiten oder bei der Ergänzung der Senkschmelze verloren gegangen, scheint unwahrscheinlich, wenn man bedenkt,

Schematische Darstellung der antiken Edelsteine und Gemmen am Senkschmelzen-Kreuz

dass die Essener Stiftsfrauen das Andenken ihrer Äbtissinnen sorgfältig bewahrten. Welche Bedeutung kann aber ein Kunstwerk für die Geschichte der Essener Äbtissin Mathilde haben, dessen Herkunft bisher derartig ungesichert ist?

Auch wenn sich nicht endgültig klären lässt, ob Mathilde das Kreuz mit den großen Senkschmelzen in Auftrag gegeben hat, liefert es dennoch wichtige Informationen über den großen Einfluss, den sie auf die Essener Frauengemeinschaft ausübte. Zum einen schuf Mathilde durch ihre eigene vorbildhafte Stiftertätigkeit und die Errichtung einer Goldschmiedewerkstatt auf dem Stiftsgelände den idealen Nährboden für die weitere Kunstproduktion in Essen. Zum anderen erlangte das Stift unter ihrer Führung hohes Ansehen und damit auch die entsprechenden finanziellen Mittel und das nötige

Kreuz mit den großen Senkschmelzen, Essen, 1000/10, Domschatz Essen, Inv. Nr. 5

Rückseite des Kreuzes mit den großen Senkschmelzen, Essen, 1000/10, Domschatz Essen, Inv. Nr. 5

Selbstbewusstsein für den Einsatz antiker Juwelen und kostbarer Materialien wie Gold und Email. Das Senkschmelzenkreuz ist demnach nicht nur ein Gegenstand mittelalterlicher Kunst und Frömmigkeit, sondern auch ein Beweis für die besondere Stellung der Essener Frauengemeinschaft unter Äbtissin Mathilde und ihren Nachfolgerinnen.

Literatur

Ausst.-Kat. Bonn/Essen 1956, S. 267; Beuckers 2006a, S. 10 f.; Eckenfels-Kunst 2008, S. 69 ff.; Falk 2009, S. 70, Kat.-Nr. 9 (Klaus Gereon Beuckers); Humann 1904, S. 115 ff.; Küppers/Mikat 1966, S. 41 ff.; Zwierlein-Diehl 2007, S. 249 ff.

Gedächtnis und Erinnerung

Mathildes Gedächtnisstiftung in Aschaffenburg

Anna Pawlik

Bevor Mathilde um 973 in Essen Äbtissin wurde, war das Stift SS. Peter und Alexander in Aschaffenburg ein wichtiger Ort für sie und ihre Familie. Das Herrenstift war spätestens 957 von Mathildes Vater und Sohn Kaiser Ottos I., Herzog Liudolf von Schwaben (reg. 930–957), gegründet worden. Die Weihe der Kirche ist für das Jahr 974 überliefert. Die Gründung erfolgte am Ort einer bestehenden karolingischen Kirche, welche bereits die Gräber der Königin Liutgard († 882), Tante König Heinrichs I. und Ehefrau König Ludwigs III., sowie deren Tochter Hildegard († 899) barg. Hier, am Ort der Bestattung zweier früher Mitglieder des Herrschergeschlechtes, gründete Liudolf das Stift als Gedenkstätte seiner Familie.

In der lokalen Tradition wurde jedoch Liudolfs Sohn, Herzog Otto von Schwaben und Bayern (954–982), jüngerer Bruder der Essener Äbtissin Mathilde, als Gründer des Stifts verehrt. Eine Urkunde des Jahres 1183 bezeichnet das Grab Ottos in der Stiftskirche als *sepulchrum fundatoris ecclesie nostre* (»Grab des Stifters unserer Kirche«). Wahrscheinlicher ist aber, dass der noch junge Otto den Kirchbau, der unter seinem Vater begonnen worden war, nur vollenden ließ. Herzog Otto war während seiner Regierungszeit einer der bedeutendsten Förderer des Stifts. So veranlasste er zu Beginn des 11. Jahrhunderts die reiche Schenkung von 18 Reliquienpartikeln, darunter die des hl. Alexander von Wildeshausen, der daraufhin einer der Patrone der Stiftskirche wurde.

Otto starb 982 im italienischen Lucca. Er wurde in der Vierung der Aschaffenburger Stiftskirche bestattet. Eine Notiz im Aschaffenburger Evangeliar belegt die Anwesenheit seiner Mutter Ida und seiner Schwester Mathilde bei der Bestattung. Die Obhut für das Stift hatten Mathilde und der kinderlose Otto noch vor dessen Tod an den Mainzer Erzbischof Willigis (reg. 975–1011) übertragen und so die Fürsorge für die Familiengrablege dauerhaft gesichert.

Aschaffenburger Kruzifix, Süddeutschland, 980–1000, Aschaffenburg, ehemalige Stiftskirche SS. Peter und Alexander, heute Stadtpfarrkirche

Vom guten Verhältnis der beiden Geschwister untereinander zeugt das Essener Otto-Mathilden-Kreuz.[1] Darüber hinaus hat sich in Aschaffenburg ein großplastisches Kruzifix erhalten, das möglicherweise ebenfalls als Memorialgabe Mathildes für ihren Bruder gelten kann. Der 195 cm hohe Corpus aus Pappelholz ist eines der frühesten erhaltenen Großbildwerke des gekreuzigten Christus überhaupt und einer der wenigen, deren ursprüngliches Kreuz im Ensemble erhalten ist. Naturwissenschaftlichen Untersuchungen zufolge wurden Kreuz und Corpus in der Zeit zwischen 980 und 1000 geschaffen. Der Ort der Werkstatt ist heute aufgrund weniger erhaltener Vergleichsbeispiele nur grob in den südwestdeutschen Raum einzuordnen.

Besonders kennzeichnend für den Stil des Kruzifixes ist der blockhaft gearbeitete Oberkörper mit der schildartig gebildeten Brustmuskulatur in Verbindung mit den schlanken, gelängt wirkenden Gliedmaßen. Der Kopf Christi, umgeben von dicken, zopfartigen Haarsträhnen, ist beinahe bis ins Profil zur Seite geneigt. Auffallend ist die große, klaffende Seitenwunde – sie unterstreicht die Wirkung des Bildwerks als Darstellung des toten Christus. Die ursprüngliche Fassung, die farbige Gestaltung, ist noch nachvollziehbar: Das Lendentuch war ursprünglich blau gefasst und mit rötlichen und grauen Binnenzeichnungen versehen. Das mächtige Kreuz wurde durch die Farbgebung einem Gemmenkreuz, einem Werk der Goldschmiedekunst, nachempfunden. Es ist mit einer umlaufenden, rot gefassten Borte verziert, auf der ein regelmäßiges Muster von grün gefassten Mulden und kleinen, paarweise angeordneten weißen Punkten zu sehen ist. Sie ahmen Edelsteine, Perlen und Kristalle nach. Die Kreuzbalken waren einst grün gefasst, das Kreuz erschien als *lignum vitae*, als Symbol des Lebensbaums.

Die Verbindung des Aschaffenburger Kruzifixes zum Geschwisterpaar Mathilde und Otto wird besonders im Vergleich mit dem Essener Otto-Mathilden-Kreuz deutlich. Die Borte des Aschaffenburger Kreuzes mit den grünen Mulden und den weißen Punkten findet sich in auffallend ähnlicher Weise beim Vortragekreuz in Essen wieder. Trotz der starken Verdrückungen beim goldenen Corpus in Essen sind die stilistischen Parallelen der beiden Christus-Körper, die gelängten Gliedmaßen, der gewölbte Bauch und der stark gedrehte Kopf, gut zu erkennen.

Der Aschaffenburger Kreuzstamm trägt auf der Rückseite eine spätmittelalterliche Bemalung. Spätestens seit dieser Zeit, wahrscheinlich jedoch bereits zuvor, stand das Kruzifix demnach frei im Kirchenraum. Der genaue Standort ist nicht mehr zu rekonstruieren – im Laufe der Jahrhunderte ist die Ausstattung der Kirche mehrfach verändert und umgesetzt worden. Möglicherweise stand das Kruzifix vor dem Kreuzaltar in der Vierung und somit in direkter Verbindung zum Grab Herzog Ottos im Langhaus der Kirche. Ein Kreuzaltar des 11. Jahrhunderts, der Nachfolger des ottonischen Altares, ist am östlichen Ende des Langhauses vor dem Chor nachweisbar. Das in romanischer Zeit versetzte, ursprüngliche Grab Herzog Ottos konnte ebenfalls im östlichen Teil des Langhauses lokalisiert werden. Das sinnstiftende Ensemble von ›Stiftergrab‹, Kreuzaltar und Kruzifix war demzufolge möglicherweise bereits kurz vor 1000 entstanden. Vielleicht stand das großformatige Kruzifix auf einer Säule oder einem Balken oberhalb des Kreuzaltars, vor dem Otto 982 bestattet worden war. Das Kruzifix war demnach nicht nur weithin sichtbares Zeichen des Kreuzestodes Christi an hervorgehobener Position im Kirchenraum, sondern auch bedeutende Schenkung der Mathilde an das Grab ihres Bruders, das durch diese Gabe besonders ausgezeichnet wurde.

Anmerkung

1. Vgl. S. 107–110, Abb. auf S. 108.

Literatur

Arens 1957; Beuckers 1994; Beuckers/Pawlik 2011; Klewitz 1953; Krüger 1996; Pawlik 2011a, S. 258–266, Kat.-Nr. 1; Thiel 1986, Nr. 3, S. 9–16; Nr. 15, S. 65–69; Nr. 16, S. 71–74.

Das Aschaffenburger Evangeliar

Anna Pawlik

Die Aschaffenburger Stiftsbibliothek bewahrt die Restbestände der Bibliothek des um 974 gegründeten, ehemaligen Kollegiatstifts SS. Peter und Alexander. Darunter befindet sich das älteste Aschaffenburger Evangeliar aus der zweiten Hälfte des 9. Jahrhunderts (Ms. perg. 37). Die Handschrift enthält die vier Evangelien (fol. 13v–146r). Aufgrund der geschulten Schrift und der breiten Ränder lässt sie sich der traditionsreichen, disziplinierten Schreibschule (Skriptorium) des Klosters Reichenau zuweisen, einem der wichtigsten geistlichen und kulturellen Zentren des frühmittelalterlichen Reiches. Von den insgesamt 157 Blättern der Pergament-Handschrift sind einige Seiten mit schlichten, meist nur einfarbigen Zier-Initialen (fol. 13v, 14r) und mehrfarbigen Kanontafeln (u.a. fol. 5v) versehen. Im Stift Aschaffenburg wurde das Evangelienbuch im 10. und 11. Jahrhundert auf leeren Seiten oder in unbeschriebenen Zwischenräumen um einige Einträge erweitert: Neben zwei Schatzverzeichnissen (fol. 4v, 2. Hälfte 10. Jh.; fol. 1*v, 1. Hälfte 11. Jh.) enthält die Handschrift zwei Reliquienverzeichnisse des Stifts (fol. 13r, 2. Hälfte 10./Anfang 11. Jh. und 13. Jh.). Ein weiteres Reliquienverzeichnis vom Beginn des 11. Jahrhunderts findet sich auf der letzten Seite (fol. 146r). Diese Verzeichnisse geben einen Einblick in die früh- und hochmittelalterlichen Bestände des Stiftsschatzes und der Bibliothek, von denen heute nur wenige Objekte erhalten sind. Auf fol. 75v wurde im 11. Jahrhundert eine Liste mit 25 Namen eingetragen, deren Identität jedoch bislang nicht geklärt ist. Möglicherweise handelte es sich um Mitglieder des Stifts. Es folgt der Eintrag der so genannten Richiza-Stiftung (fol. 75v) aus der Mitte des 11. Jahrhunderts, einer Schenkung von drei Gütern (Hufen) an das Stift. Ebenfalls auf der letzten Seite (fol. 146v) ist eine Grenzbeschreibung des Aschaffenburger Forstes eingetragen worden. Die Beschreibung gibt die äußeren Grenzpunkte wieder, anhand derer die Gebietsgrenzen der Besitzungen des Stifts abgesteckt wurden, etwa der Main (*fluvio Moin*) oder der so genannte Karlstein (*lapidus Caroli*). Ein Stiftungsbericht und eine Grenzbeschreibung der Pfarre Lohrhaupten, die zwischen 1060 und 1084 dem

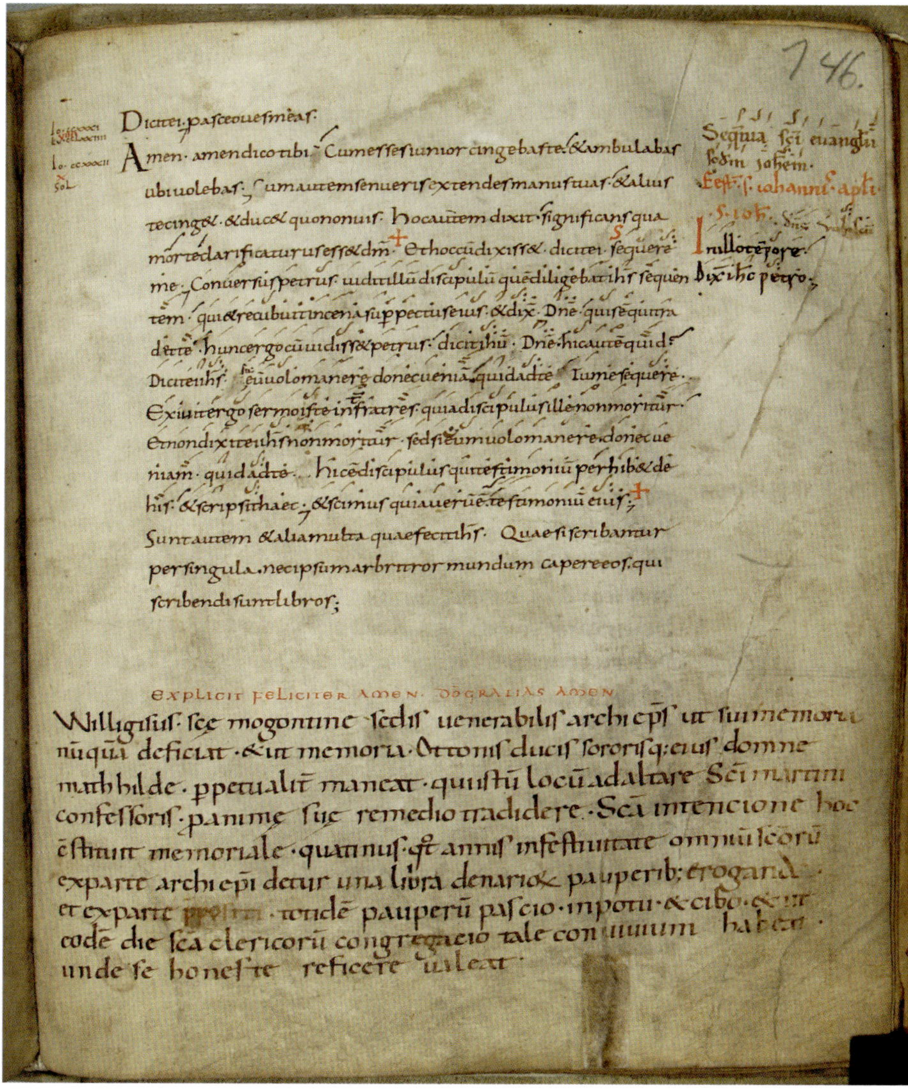

Aschaffenburger Evangeliar (2. Hälfte 9. Jahrhundert), Eintrag einer Gedächtnisstiftung für Herzog Otto von Schwaben und Bayern durch den Mainzer Erzbischof Willigis, Anfang 11. Jahrhundert, Stiftsbibliothek Aschaffenburg, Ms. perg. 37, fol. 146r

Aschaffenburger Stift übergeben wurde, finden sich auf der ersten Seite der Handschrift (fol. 1r).

Mit Blick auf Mathilde sind zwei Einträge in das Evangeliar von besonderer Bedeutung. Es enthält zwei von insgesamt zehn Nachweisen der Essener Äbtissin in zeitgenössischen Schriftquellen. Zum einen handelt es sich um eine Gedächtnisstiftung des Mainzer Erzbischofs Willigis (amt. 975–1011) für Herzog Otto von Schwaben und dessen Schwester Mathilde (fol. 146r). Der Eintrag wurde am Beginn des 11. Jahrhunderts auf der letzten Seite der Handschrift, hinter das Johannes-Evangelium, eingetragen und dokumentiert eine Stiftung Willigis', die er dem Gedächtnis des Geschwisterpaares widmete. Diese Stiftung wird als Gegengabe dazu gewertet, dass Otto und Mathilde dem Mainzer Erzbischof das Stift noch vor dem Tod Ottos 982 übergeben hatten. Das Stift und seine Mitglieder unterstanden damit der Fürsorge und dem Schutz des mächtigen Erzbischofs. Bis 1803 gehörte das Stift zum Mainzer Erzbistum.

Otto starb 982 auf einem Feldzug Kaiser Ottos II. im italienischen Lucca. Er wurde im Langhaus der Aschaffenburger Stiftskirche beigesetzt. Vom Tod des Herzogs und seiner Beisetzung berichtet eine Notiz auf fol. 2*r, die in der Mitte des 11. Jahrhunderts nachgetragen wurde, dass Otto »[...] von dem Mainzer Erzbischof Willigis in Gegenwart der Herrin Ida, seiner Mutter, und seiner Schwester, der ehrwürdigen Äbtissin Mathilde, dem Grab übergeben«[1] wurde. Dieser Eintrag unterstreicht den ausgeprägten Familiensinn der Liudolfinger, der Familie Mathildes: Die Mutter und die Schwester beteten am Grab des toten Sohnes und Bruders.

In der Handschrift sind über die vier Evangelien hinaus dokumentarische Einträge vorgenommen worden, die entweder die Besitztümer des Stifts – Schätze oder Ländereien – oder historisch bedeutende Ereignisse, wie die Übergabe des Stifts an das Erzbistum Mainz oder der Tod Ottos von Schwaben und Bayern betreffen. Diese Sammlung von Einträgen diente der Legitimierung des Stifts gegenüber fremden Interessen auf Grundlage des Grundbesitzes und der Nennung seiner Stifter. Das Alter und die Bedeutung der Handschrift sicherten ihre Bewahrung und ihre kontinuierliche Nutzung. Die wichtigen Nachrichten und Verzeichnisse waren so davor geschützt, in einer unbedeutenden Handschrift verloren zu gehen und damit in Vergessenheit zu geraten. Bis ins 13. Jahrhundert ist die Benutzung der Handschrift in der

Liturgie der Aschaffenburger Stiftskirche nachweisbar, danach wurde sie aus dem Gebrauch genommen. Ihre Bedeutung aber hielt man auf dem Buchdeckel mit einer Aufschrift für alle Zeiten fest: »Hier findet sich der vergangene Todestag unseres Gründers. Ebenso finden sich Überreste dieser Kirche und einzelne andere Besonderheiten.«[2]

Anmerkungen

1. [...] *etiam a Willigiso Mogontino metropolitano, domina Ida matre ac sorore sua Maethildae abbatissa veneranda presentibus, sepulture commendatur.* Aschaffenburg, Stiftsbibliothek, Ms. perg. 37, fol. 2*r.
2. *Hic reperitur r(e)tro (?) dies obitus nostri fundatoris/Item reperiuntur r(eli)quie huius ecclesie et alia rara.* Aschaffenburg, Stiftsbibliothek, Ms. perg. 37, Buchdeckel.

Literatur

Beuckers 1994, S. 7f.; Bischoff 1967, S. 13f., Nr. 2, 3; Hofmann 1957; Hofmann/Hauke 1978, S. 78–83; Thiel 1986, S. 65–77, Nrn. 15–18.

Mathildes Inschriften

Christina Dobrescu

Seit der Antike sind Inschriften in der Geschichte verankert und dienen den Menschen als Geschichts- und Informationsträger. Bedeutende und mächtige Menschen ließen ihre Namen, Lebens- und Herrschaftsdaten eingravieren oder -meißeln, um sich mithilfe der *inscriptio*, der Inschrift, dauerhaft im Gedächtnis der Nachwelt zu halten. Inschriften sind auf Grabplatten, Gemälden, liturgischen Geräten und auch in der Architektur zu finden. Die ›Akademien der Wissenschaften‹ und das Internetportal ›Deutsche Inschriften Online‹ tragen Inschriften des deutschen Sprachraumes aus dem Mittelalter und der frühen Neuzeit zusammen und katalogisieren sie. Sie geben auch die deutschen Inschriftenbücher heraus. Der Band zu Essen verzeichnet mittelalterliche und frühneuzeitliche Inschriften aus dem heutigen Gebiet der Stadt Essen bis 1650.

Gleich vier Essener Kunstwerke tragen oder trugen Inschriften, die Mathilde erwähnen. Auf zwei Werken ließ sich die Äbtissin selbst als Auftraggeberin dokumentieren: dem Siebenarmigen Leuchter[1] und dem heute verlorenen Marsusschrein[2]. Diese beiden Inschriften gehören zu den so genannten Stifterinschriften. Der Beweggrund eines Stifters, ein kostbares sakrales Kunstwerk in Auftrag zu geben, war meist die Existenz der eigenen Person für die Nachwelt festzuhalten und für ihre *memoria* zu sorgen.

Am Knauf des bronzenen Leuchters im Essener Dom befindet sich ein horizontales Band mit der lateinischen Inschrift *MAHTHILD ABBATISSA ME FIERI IUSSIT ET (CHRISTO) CO(N)S(ECRAVIT)* (»Äbtissin Mathilde befahl, mich zu

Stifterinschrift am Siebenarmigen Leuchter, Essen (?), um 990, Domschatz Essen, Inv. Nr. 1 (Dom)

Inschrift auf dem Stifteremail des Otto-Mathilden-Kreuzes, Trier (?), nach 983, Domschatz Essen, Inv. Nr. 3

Inschrift auf dem Stifteremail des Mathilden-Kreuzes, Essen, um 1050, Domschatz Essen, Inv. Nr. 4

fertigen und weihte mich Christus«), die Mathilde eindeutig als fromme und selbstbewusste Auftraggeberin dokumentiert.

Für den heute verlorenen Marsusschrein sind mehrere Inschriften überliefert, in denen Mathilde mehrfach genannt ist. Eine von ihnen weist Mathilde deutlich als Auftraggeberin des Schreines aus, der einer der prominentesten und prächtigsten Reliquienbehälter des Frühmittelalters gewesen sein muss. Der Wortlaut ähnelt dem auf dem Siebenarmigen Leuchter: *Domina Mahthildt me fieri iussit* (»Die Herrin Mathilde befahl, mich zu fertigen«).

Auf dem Otto-Mathilden-Kreuz[3] ist die Frage des Urhebers nicht so eindeutig. Das hochrechteckige Emailbild am unteren Ende des Kreuzstammes stellt zwei stehende Personen in prachtvollen Gewändern dar. Über ihren Köpfen liest man die Bezeichnungen *MAHTHILD ABBA(TISS)A* (»Äbtissin Mathilde«) und *OTTO DUX* (»Herzog Otto«). Zwar sind hier Äbtissin Mathilde und ihr Bruder Herzog Otto von Schwaben und Bayern namentlich gekennzeichnet, doch ist keineswegs sicher, wer hier schenkt beziehungsweise empfängt. Die jüngere Forschung ist sich mittlerweile einig, dass Mathilde das Kreuz in Erinnerung an ihren 982 verstorbenen Bruder Otto in Auftrag gab.

Das Mathilden-Kreuz[4] ist ebenfalls mit einer Inschrift versehen. In dem recheckigen Emailbild unterhalb des gekreuzigten Christus befindet sich links neben der thronenden Madonna mit dem Jesuskind auf dem Schoß, gleichsam als Memoriavermerk, die Inschrift *MAHTHILD ABBHII* (»Äbtissin Mathilde«). Das jüngere Mathilden-Kreuz wurde als Gegenstück zum Otto-Mathilden-Kreuz konzipiert und von Äbtissin Theophanu um 1050 zum Gedenken an ihre verehrte Vorgängerin Mathilde in Auftrag gegeben. Es ist demnach als Gedächtnisschenkung anzusehen.

Anmerkungen

1. Vgl. S. 129–133.
2. Vgl. S. 134–136.
3. Vgl. S. 107–110.
4. Vgl. S. 158–161.

Literatur

Giersiepen/Bayer 1995; Herrmann 2010; Herrmann 2011, S. 6, 8 ff.; Lange 2007.

Die Grablege Mathildes

Marie-Louise Hirschmüller

Äbtissin Mathilde starb an 5. November des Jahres 1011 und bis heute ist der Ort ihrer Bestattung ein Rätsel. Es gibt keine schriftlichen Quellen darüber, wo ihr Grab lag. Bei den Ausgrabungen im Boden der Münsterkirche nach dem Zweiten Weltkrieg konnte ihr keine Grabstätte sicher zugewiesen werden.

Heute gibt es zur Grablege Mathildes zwei Thesen: Zum einen wird – und dies schon seit sehr langer Zeit – behauptet, das Grab habe sich in der Kirche des ehemaligen, im 12. Jahrhundert gegründeten Frauenstifts Rellinghausen etwa fünf Kilometer südlich des Stifts Essen befunden. In jüngerer Zeit wird die Krypta der Essener Stiftskirche als letzte Ruhestätte in Betracht gezogen.

Die alte Stiftskirche in Rellinghausen wurde 1823 wegen Einsturzgefahr abgebrochen. Im heutigen Kirchenbau finden sich keine Hinweise auf eine Grablege Mathildes. Dass in der Rellinghausener Lokaltradition seit Jahrhunderten die Vorstellung verankert ist, Mathilde sei hier bestattet worden, geht auf eine Quelle des 17. Jahrhunderts zurück. In einer von drei Essener Kanonikern zwischen 1644 und 1679 beglaubigten angeblichen Abschrift einer noch älteren Handschrift wurde die Ruhestätte Mathildes ausführlich beschrieben und auch eine Grabinschrift zitiert. Diese kann jedoch jüngeren Forschungen zufolge aufgrund ihres sprachlichen Ausdrucks nicht aus dem 11. Jahrhundert stammen und muss in späterer Zeit entstanden sein. Daher wird das Schriftstück mittlerweile als Fälschung des 17. Jahrhunderts angesehen, mit der man Besitzansprüche des Essener Stifts auf die Gemeinschaft in Rellinghausen begründen wollte.

Bei den Ausgrabungen nach dem Zweiten Weltkrieg fand Walther Zimmermann im Boden der Essener Ostkrypta zwischen den beiden östlichen Mittelpfeilern unmittelbar vor dem mittleren der drei im Mittelalter dort aufgestellten Altäre ein frühmittelalterliches Grab (Nr. 152). Er interpretierte diesen Fund an höchst prominenter Stelle damals als Grab der Essener Äbtissin

Svanhild (amt. 1058–ca. 1085), weil Mathilde, der dieser Ort am ehesten zugestanden hätte, ja nach damals herrschender Meinung in Rellinghausen lag.

Aus heutiger Sicht wird diese Stelle jedoch als letzte Ruhestätte Mathildes angesehen. Die Essener Äbtissin Theophanu (amt. 1049–1058) ließ die Krypta im Osten der Kirche errichten und nach Klaus Lange vermutlich zur *memoria* ihrer Vorvorgängerin Mathilde im ottonischen Stil gestalten. Ihre eigene Grabkammer ließ sie im Osten an die Krypta anbauen. Sie wurde nachweislich auch dort bestattet. Folglich muss die privilegierte Grablege vor dem zentralen Altar in der Krypta von einer bedeutenden Persönlichkeit belegt gewesen sein. Hierfür kommt vor allem Äbtissin Mathilde in Betracht.

Als machtbewusste und aus kaiserlichem Haus stammende Äbtissin wäre es für Mathilde unstandesgemäß gewesen, sich in einer Kirche des niederen Adels wie der in Rellinghausen beisetzen zu lassen. Auch die Ausstattung der beiden Stiftskirchen mit Reliquien ist bei der Frage der Grablege zu berücksichtigen. In der Essener Stiftskirche gab es viele Reliquien bedeutender Heiliger, sodass sich Mathilde gewiss sein konnte, am Jüngsten Tag diesen Heiligen nahe zu sein, die für sie einstehen würden. Demnach wäre Äbtissin Mathilde in der Essener Stiftskirche nicht nur an prominenter Stelle, sondern auch in angemessener Umgebung beigesetzt worden.

Literatur

Akten der Bürgermeisterei Steele, Rep. 123 IX Kirchensachen und Friedhöfe, 117a; Arens 1908, S. 265 f.; Derks 1995, S. 118–141; Hillebrand 1986, S. 5; Lange 2003, 162–183; Lange 2008, S. 66–69, 74–78; Müller 1966, S. 40, 49–50; Potthoff 1953, S. 9, 13, 35 f., 39; Ribbeck 1900, S. 4; Seemann 1883, S. 3 f.; Storp 1995, S. 15–19; Teschenmacher 1721, S. 247; Zimmermann 1956, S. 146 ff.

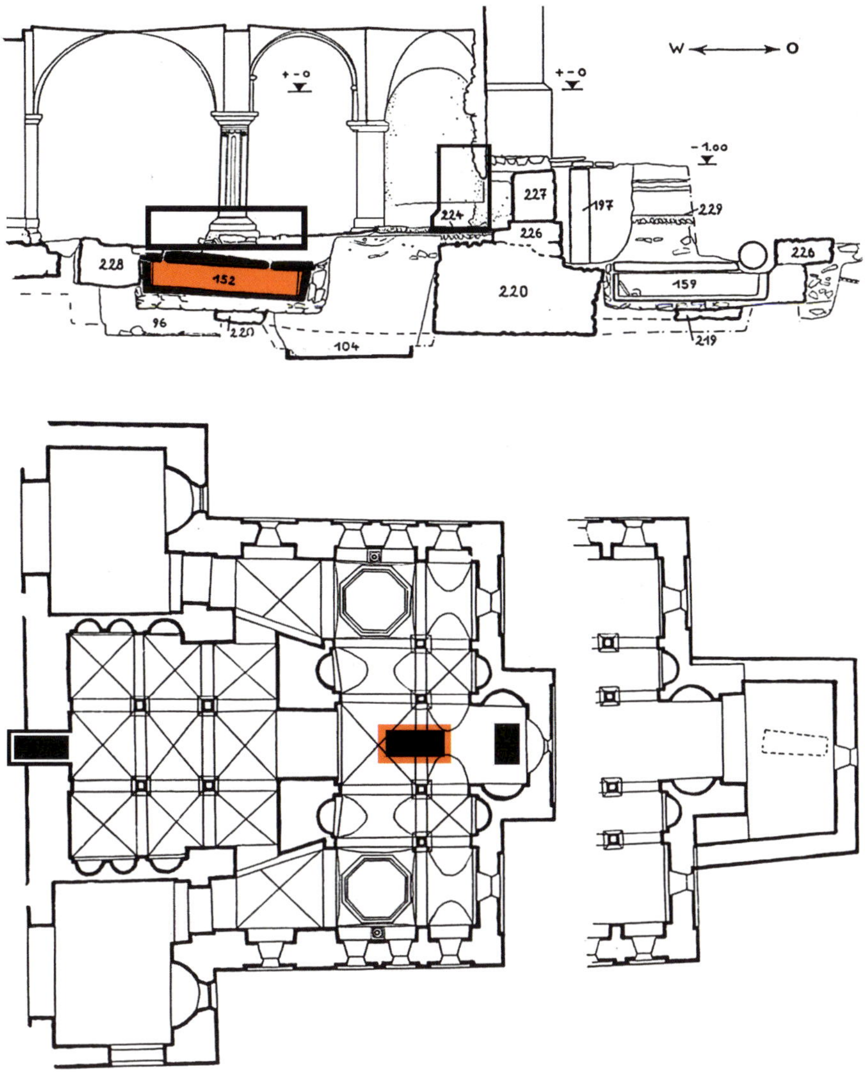

Essen, Längsschnitt durch die Außenkrypta mit den Gräbern der Äbtissinnen Agana (104), Mathilde (152) und Svanhild vor dem Johannesaltar (224), Grundriss der Krypta mit dem vermutlichen Grab Bischof Altfrids, dem Grab Äbtissin Mathildes und dem Johannesaltar

Das Mathilden-Kreuz

Sarah-Marlene Allzeit

Das Mathilden-Kreuz wird zuweilen auch als das jüngere Mathilden-Kreuz bezeichnet, um es vom Otto-Mathilden-Kreuz[1] zu unterscheiden, das als direkte Vorlage angesehen wird. Trotz aller Gemeinsamkeiten zeigen sich technische Abweichungen. Während der Corpus am Otto-Mathilden-Kreuz aus Gold getrieben wurde, besteht die Christusfigur des jüngeren Kreuzes aus einem vergoldeten Bronzeguss. Zudem lassen die Edelsteine und Emailplättchen in der Rahmung des Mathilden-Kreuzes im Gegensatz zu den drei anderen Essener Kreuzen keine planvolle, regelmäßige Anordnung erkennen.

Allen vier Kreuzen gemeinsam sind hingegen die gravierten Rückseiten. Sie sind mit ornamentalen Motiven und der Darstellung des Lamm Gottes verziert. Auch die Darstellung der vier Evangelistensymbole verbindet zumindest drei der Essener Kreuze miteinander. Eine Ausnahme bildet hierbei das Kreuz mit den großen Senkschmelzen.

Die Vorderseite des Mathilden-Kreuzes ist von der starken Farbigkeit der Emails, Edelsteine, Perlen und Gemmen geprägt. Bei einer Gemme unterscheidet man zwischen dem Intaglio, einem geschnittenem Edelstein mit vertiefender Darstellung, und der Kamee, bei der die Darstellung ein erhabenes Relief ist. Das Mathilden-Kreuz ist mit zehn Intaglien und zwei Kameen geschmückt. Von besonders hohem Wert ist das Intaglio am rechten Kreuzarm mit der Darstellung eines antiken Kriegers. Möglicherweise stammt es aus dem 5. vorchristlichen Jahrhundert. Ebenso außergewöhnlich ist der Edelstein zu Füßen des Gekreuzigten, eine mittelalterliche Kamee aus Quarz mit der Abbildung eines liegenden Löwen.

Im unteren Bereich des Kreuzstammes befindet sich eine Emailplatte. Sie zeigt die Darstellung der thronenden Gottesmutter mit dem Jesuskind und eine daneben kniende, betende Frau in weißer Gewandung, die wesentlich kleiner als Mutter und Kind dargestellt ist. In demütiger Haltung überreicht sie dem Jesuskind ein Kreuz. Eine schwer lesbare Inschrift auf diesem Email kann als *MAHTHILD ABBHII* (»Äbtissin Mathilde«) entziffert werden.

Aufgrund der namentlichen Nennung Mathildes könnte angenommen werden, dass sie selbst die Stifterin des Kreuzes ist. Anzumerken ist jedoch, dass der in Bronze gegossene Christus eine Technik aufweist, die erst Mitte des 11. Jahrhunderts verwendet wurde. Zudem muss der Qualitätsunterschied im Vergleich zu den anderen drei Essener Kreuzen beachtet werden. Unter Berücksichtigung dieser Aspekte ist es daher fraglich, ob Mathilde als Auftraggeberin in Betracht gezogen werden kann.

Eine Datierung in das 12. Jahrhundert wird in der Forschung ausgeschlossen, da es keine Überlieferungen für eine Äbtissin Mathilde in Essen zu dieser Zeit gibt. Am überzeugendsten ist eine Einordnung nach 1050. Sowohl die unterschiedliche Ausarbeitung des Filigrans und der Qualitätsabfall der Emails – insbesondere im Vergleich zu denen des Otto-Mathilden-Kreuzes – als auch die Technik des bronzenen Corpus werden hierbei berücksichtigt und entsprechen dieser Zeit.

Das Email am unteren Kreuzarm nimmt einen besonders wichtigen Platz ein. Die Darstellung stellt einen direkten Bezug zu Mathilde über ihren Tod hinaus her. Die kniende Mathilde vor der Stiftspatronin Maria dient als Schutzsymbol, ebenso wie die drei Reliquienbündel, die sich in Aushöhlungen an der Rückseite des Corpus befinden. Es wäre also denkbar, dass es sich bei dem Mathilden-Kreuz um eine Memorialstiftung der Äbtissin Theophanu (amt. 1039–1058) im Gedenken an ihre Vorgängerin Mathilde handelt.

Anmerkung

1. Vgl. S. 107–110.

Literatur

Ausst.-Kat. Essen/Bonn 2005, Kat. Nr. 153, S. 273 (Birgitta Falk); Beuckers 2006a, S. 13 ff.; Eckenfels-Kunst 2008, S. 273; Falk 2009, S. 86 f. (Klaus Geron Beuckers); Hermann 2011, S. 17–19 Nr. 8; Humann 1904, S. 115–159; Jülich 1986/87, S. 191; Kahsnitz 1998/99, S. 133; Küppers/Mikat 1966, S. 45–48; Pothmann 2000, S. 145; Röckelein 2000.

Mathilden-Kreuz, Essen, um 1050, Domschatz Essen, Inv. Nr. 4

Rückseite des Mathilden-Kreuzes, Essen, um 1050, Domschatz Essen, Inv. Nr. 4

Die Reliquien im Mathilden-Kreuz

Anna Pawlik

Im Sommer 2010 wurden in der Christusfigur des Mathilden-Kreuzes drei Reliquienbündel wiederentdeckt. Sie lagen, von außen nicht sichtbar, verborgen im Corpus des Kreuzes. Die kleine, aus Bronze gegossene Figur des gekreuzigten Christus hat an der Rückseite drei unterschiedlich große und tiefe Aushöhlungen, die bereits im Guss angelegt waren. In den Vertiefungen am Rücken und am Lendentuch fand sich je ein zusammengeschnürtes Textil mit Reliquien. Im Kopf lagen einige lose Fäden, ein Geweberest und drei Fragmente einer oder mehrerer Pergamentstreifen (*cedulae*).

Dem ersten Bündel im unteren Teil (Länge 4,2 cm, Breite 1,8 cm, Tiefe 0,8 cm) ist keine *cedula* beigegeben. Es besteht aus purpurfarbenem Taft, der mit einem Flechtenfarbstoff eingefärbt wurde. Das Bündel in der oberen schmalen Aushöhlung (Länge 4,2 cm, Breite 1,1 cm, Tiefe 0,8 cm) besteht aus weißem Leinen. Der beigegebene Pergamentstreifen trägt die Aufschrift *[In]nocent[um]* (»des Innozenz«). In der Kopfhöhlung befanden sich zwei rosafarbene Samit- (geritzte Seide) beziehungsweise rote und dunkelblaue Seidengewebe ohne Schnur. An ihnen hingen drei Pergamentfragmente mit folgenden Aufschriften: a) *əiî(rum)* oder *əiî(um)* (»?«), b) *lauren(ci)* (»des Laurentius«), c) *costa* (»Hüfte«).

Anhand der Aufschriften und der Stoffe kann der Zeitpunkt der Niederlegung der Reliquien annähernd bestimmt werden: Der Schriftenanalyse zufolge sind alle Zettel im 10. oder 11. Jahrhundert in Essen entstanden. Die Tintenfarbe und Struktur des Pergaments sowie die Buchstabenformen sind sehr ähnlich. Die Schrift auf den Pergamenten der beiden Bündel ist in das 10./11. Jahrhundert zu datieren. Die Zettel wurden sehr wahrscheinlich von einer Essener Hand geschrieben.

Eine Analyse der Stoffe ergab eine Entstehung kurz vor 1000 im byzantinischen Raum. Die Form der geschnürten Bündel weist darauf hin, dass die Reliquien den Vertiefungen im Rücken der Christusfigur angepasst wurden. Alle

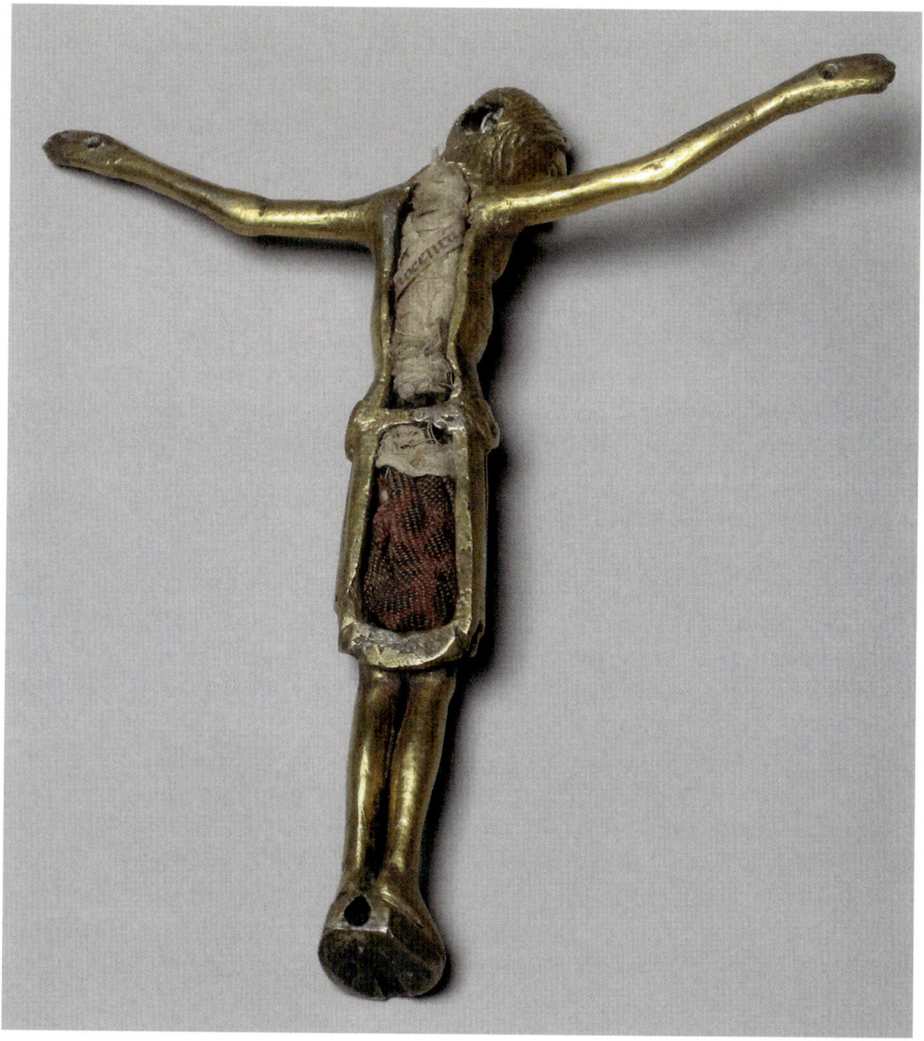

Reliquienbündel im Corpus des Mathilden-Kreuzes, Essen, um 1050, Domschatz Essen, Inv. Nr. 4

Bündel scheinen zeitgleich beschriftet und im Corpus niedergelegt worden zu sein.

Den *cedulae* zufolge stammen zwei der Reliquien von den heiligen Märtyrern Innocentius († 302?) und Laurentius († 258). Beide waren im ottonischen Kaiserhaus hochverehrt. Weitere Reliquien der beiden Heiligen sind bereits vor der Mitte des 11. Jahrhunderts am Essener Stift nachweisbar. Drei Essener Heiligenkalender des 9. und 10. Jahrhunderts nennen ihre Festtage. Ungefähr zeitgleich zur Entstehung des Mathilden-Kreuzes wird der hl. Innocentius in einer Weiheinschrift der Essener Ostkrypta aus dem Jahr 1051 genannt. Reliquien des hl. Laurentius sind in einem Bleikästchen (Domschatz Essen, Inv. 226, r3) aus dem 10. Jahrhundert enthalten. Zudem war Laurentius ein Altar im Untergeschoss des südlichen Chorwinkelbaus in der Essener Stiftskirche geweiht.

Wie und wann die Reliquien der beiden Heiligen nach Essen gelangten, lässt sich nur vage nachvollziehen. Reliquien des hl. Innocentius wurden seit der Mitte des 9. Jahrhunderts im Frauenstift Gandersheim verehrt. Möglicherweise brachte Äbtissin Sophia, die zwischen 1011 und 1039 in Gandersheim und Essen gleichzeitig amtierte, Partikel davon mit nach Essen. Reliquien des hl. Laurentius sind ebenfalls – schon im 9. Jahrhundert – in Werden nachweisbar. Vielleicht schenkten die Werdener Mönche Teile dieser Reliquien dem Frauenstift. Die qualitätsvollen textilen Hüllen der Reliquien könnten als hochrangige Geschenke oder Tauschgaben nach Essen gelangt sein.

Die Umstände der Reliquienschenkung sind heute nicht mehr nachzuvollziehen. Deutlich wird jedoch, dass die kostbar verpackten Reliquien den Wert des Kreuzes und damit des frommen Aktes der Schenkung steigern sollten. Dabei war nicht wichtig, ob die Reliquien nach außen hin sichtbar waren. Ihre Bedeutung lag vielmehr in ihrer Wirkung auf das Kreuz selbst und das Seelenheil derjenigen, die in dem Email unterhalb des Kruzifixes als demütige Beterin dargestellt ist: Äbtissin Mathilde.

Literatur

Bloch 1992, S. 53 ff.; Falk 2009, S. 86 f., Kat.-Nr. 16 (Klaus Gereon Beuckers); Humann 1904, S. 115–159; Messerer 1950, S. 58; Pawlik 2011; Schnitzler 1957, Bd. 1, S. 33.

Quellen- und Literaturverzeichnis

Essen, Münsterarchiv Essen, Konvolut A535

Essen, Stadtarchiv, Akten der Bürgermeisterei Steele, Rep. 123, IX Kirchensachen und Friedhöfe, 117a, o. J.

Notae Aschaffenburgenses, ed. von Harry Breslau (MGH SS 30,2), Leipzig 1934, S. 757–760.

Abel 1959: Paul Abel: Die Altäre der Münsterkirche zu Essen II., in: Das Münster am Hellweg 12 (1959), S. 158–165.

Abel 1960a: Paul Abel: Die Altäre der Münsterkirche zu Essen III., in: Das Münster am Hellweg 13 (1960), S. 37–41.

Abel 1960b: Paul Abel: Die Altäre der Münsterkirche zu Essen IV., in: Das Münster am Hellweg 13 (1960), S. 83–87.

Abel 1960c: Paul Abel: Die Altäre der Münsterkirche V., in: Das Münster am Hellweg 13 (1960), S. 169–173.

Abel 1961: Paul Abel: Die Altäre der Münsterkirche, in: Das Münster am Hellweg 14 (1961), S. 145–150.

Althoff 1991: Gerd Althoff: Gandersheim und Quedlinburg. Ottonische Frauenklöster als Herrschafts- und Überlieferungszentren, in: Frühmittelalterliche Studien 25 (1991), S. 123–144.

Althoff 2003: Gerd Althoff: Ottonische Frauengemeinschaften im Spannungsfeld der Zeit, in: Gerchow/Schilp 2003, S. 29–44.

Althoff/Wollasch 1983: Gerd Althoff, Joachim Wollasch (Hg.): Die Totenbücher von Merseburg, Magdeburg und Lüneburg (Monumenta Germaniae Historica, Libri memoriales et necrologia, Nova Series II), Hannover 1983.

Angenendt 1994: Arnold Angenendt: Heilige und Reliquien. Die Geschichte ihres Kultes vom frühen Christentum bis zur Gegenwart, München 1994.

Arens 1901: Franz Arens: Der Liber ordinarius der Essener Stiftskirche und seine Bedeutung für die Liturgie, Geschichte und Topographie des ehemaligen Stiftes Essen, in: Beiträge zur Geschichte von Stadt und Stift Essen 21 (1901), S. 1–156.

Arens 1906: Franz Arens: Die Essener Münsterkirche und ihre Schatzkammer, Essen 1906.

Arens 1908: Franz Arens: Der Liber ordinarius der Essener Stiftskirche. Mit Einleitung, Erläuterungen und einem Plan der Stiftskirche und ihrer Umgebung im 14. Jahrhundert, Paderborn 1908.

Arens 1957: Fritz Arens: Die Grabmäler des Herzogs Otto und der Königin Liutgard in der Aschaffenburger Stiftskirche, in: Aschaffenburger Jahrbuch 4 (1957), S. 239–285.

Bärsch 2000: Jürgen Bärsch: Die Essener Münsterkirche als Ort des Gottesdienstes. Zur Feier der Liturgie im mittelalterlichen Stift Essen, in: Berghaus/Schilp/Schlagheck 2000, S. 71–86.

Bärsch 2002: Jürgen Bärsch: Stiftsliturgie und städtische Religiosität im Mittelalter. Beziehungen und Abgrenzungen im Zeugnis des Liber ordinarius, in: Bodarwé/Schilp 2002, S. 132–145.

Bärsch 2008: Jürgen Bärsch: Sinngehalt und Freigestalt der liturgischen Totenmemoria im Mittelalter. Eine liturgiewissenschaftliche Vergewisserung als Beitrag zum interdisziplinären Gespräch, in: Schilp 2008, S. 37–59.

Beese 1992: Birgit Beese: Heilige Äbtissinnen, in: Bea Lundt (Hg.): Vergessene Frauen an der Ruhr. Von Herrscherinnen und Hörigen, Hausfrauen und Hexen 800–1800, Köln, Weimar, Wien 1992, S. 273–322.

Berghaus/Schilp/Schlagheck 2000: Günter Berghaus, Thomas Schilp, Michael Schlagheck (Hg.): Herrschaft, Bildung und Gebet. Gründung und Anfänge des Frauenstifts Essen, Essen 2000.

Beuckers 1994: Klaus Gereon Beuckers: Der ottonische Kruzifixus in der Aschaffenburger Stiftskirche; in: Mainfränkisches Jahrbuch für Geschichte und Kunst 46 (1994), S. 1–23.

Beuckers 2002: Klaus Gereon Beuckers: Das Otto-Mathildenkreuz im Essener Münsterschatz. Überlegungen zu Charakter und Funktion des Stifterbildes, in: Bodarwé/Schilp 2002, S. 51–80.

Beuckers 2006a: Klaus Gereon Beuckers, Ulrich Knapp: Farbiges Gold. Die ottonischen Kreuze in der Domschatzkammer Essen und ihre Emails, Essen 2006.

Beuckers 2006b: Klaus Gereon Beuckers: Der Essener Marsusschrein. Untersuchungen zu einem verlorenen Hauptwerk der ottonischen Goldschmiedekunst (Quellen und Studien. Veröffentlichungen des Instituts für kirchengeschichtliche Forschung des Bistums Essen 12), Münster 2006.

Beuckers/Pawlik 2011: Klaus Gereon Beuckers, Anna Pawlik: The Aschaffenburg Crucifix, in: Striking Images: Christ on the Cross and the Emergence of Medieval Monumental Sculpture, ed. Gerhard Lutz, Marietta Cambareri und Shirin Fozi, New York (in Vorbereitung).

Biehn 1957: Heinz Biehn: Die Kronen Europas und ihre Schicksale, Wiesbaden 1957.

Bischoff 1967: Bernhard Bischoff: Mittelalterliche Schatzverzeichnisse, 1. Teil: Von der Zeit Karls des Großen bis zur Mitte des 13. Jahrhunderts (Veröffentlichungen des Zentralinstituts für Kunstgeschichte in München, Bd. 4), München 1967.

Bloch 1961: Peter Bloch: Der siebenarmige Leuchter in christlichen Kirchen, in: Wallraf-Richartz-Jahrbuch 23 (1961), S. 55–190.

Bloch 1964: Peter Bloch: Der Stil des Essener Leuchters, in: Kurt Böhner, Victor H. Elbern u. a. (Hg.): Das erste Jahrtausend. Kultur und Kunst im werdenden Abendland an Rhein und Ruhr, Düsseldorf 1962–64, Textband I, S. 534–548.

Bloch 1992: Peter Bloch: Romanische Bronzekruzifixe (Bronzegeräte des Mittelalters 5), Berlin 1992.

Bodarwé 2000: Katrinette Bodarwé: Sanctimoniales litteratae. Schriftlichkeit und Bildung im ottonischen Essen, in: Berghaus/Schilp/Schlagheck 2000, S. 101–117.

Bodarwé 2001: Katrinette Bodarwé: Kontakte zweier Konvente. Essen und Werden im Spiegel ihrer Handschriften, in: Heinz Finger (Hg.): Bücherschätze der rheinischen Kulturgeschichte. Aus der Arbeit mit den historischen Sondersammlungen der Universitäts- und Landesbibliothek Düsseldorf 1979 bis 1999 (Studia humaniora 34), Düsseldorf 2001, S. 49–68.

Bodarwé 2004: Katrinette Bodarwé: Sanctimoniales litteratae. Schriftlichkeit und Bildung in den ottonischen Frauenkommunitäten Gandersheim, Essen und Quedlinburg (Quellen und Studien. Veröffentlichungen des Instituts für kirchengeschichtliche Forschungen des Bistums Essen 10), Münster 2004.

Bodarwé/Schilp 2002: Katrinette Bodarwé, Thomas Schilp (Hg.): Herrschaft, Liturgie und Raum. Studien zur mittelalterlichen Geschichte des Frauenstifts Essen (Essener Forschungen zum Frauenstift 1), Essen 2002.

Bosselmann-Ruickbie/Stolz 2009: Antje Bosselmann-Ruickbie, Yvonne Stolz: Ottonischer Nimbus oder byzantinischer Halsschmuck? Zur Goldenen Madonna und zehn trapezoiden Emails auf dem Nagelreliquiar und dem Theophanukreuz im Essener Domschatz. in: Mitteilungen zur Spätantiken Archäologie und Byzantinischen Kunstgeschichte 6 (2009), S. 77–99.

Brand/Hopp 1997: Cordula Brand, Detlef Hopp: Die Ausgrabungen im Münster zu Essen, in: Archäologie im Rheinland 1996, S. 117–118.

Brand/Hopp 2008: Cordula Brand, Detlef Hopp: Die Mauern des Stifts, in: Detlef Hopp (Hg.): Ans Tageslicht gebracht, Archäologie in der Essener City, Essen 2008, S. 38–40.

Braun 1924: Joseph Braun: Der christliche Altar in seiner geschichtlichen Entwicklung, 2 Bände, München 1924.

Braun 1940: Josef Braun: Die Reliquiare des christlichen Kultes und ihre Entwicklung, Freiburg im Breisgau 1940.

Campbell 1962: The Cronicle of Aethelward, edited by Alistair Campbell, London, Edinburgh, Paris, Melbourne, Toronto und New York 1962.

Clemen 1893: Paul Clemen (Bearb.): Die Kunstdenkmäler der Stadt und des Kreises Essen (Die Kunstdenkmäler der Rheinprovinz 3), Düsseldorf 1893.

Crusius 2001: Irene Crusius: Sanctimoniales quae se canonicas vocant. Das Kanonissenstift als Forschungsproblem, in: Studien zum Kanonissenstift (Veröffentlichungen des Max-Planck-Instituts für Geschichte 167, Studien zur Germania Sacra 24), Göttingen 2001, S. 9–38.

Derks 1995: Paul Derks: Gerswid und Altfrid. Zur Überlieferung der Gründung des Stiftes Essen (Essener Beiträge zur Geschichte von Stadt und Stift Essen 107), Essen 1995.

Drögereit 1957: Richard Drögereit: Zur Einheit des Werden-Essener Kulturraumes in karolingischer und ottonischer Zeit, in: Karolingische und ottonische Kunst. Werden, Wesen, Wirkung (Forschungen zur Kunstgeschichte und christlichen Archäologie 3), Wiesbaden 1957, S. 60–83.

Eckenfels-Kunst 2008: Sybille E. Eckenfels-Kunst: Goldemails. Untersuchungen zu ottonischen und frühsalischen Goldschmelzen, Berlin 2008.

Eger 1954: Anni Eger: Herrscherinnen über Essen. 2. Mathilde. Regierungszeit 973–1011, in: Das Münster am Hellweg 7 (1954), S. 19–21.

Ehlers 2006: Caspar Ehlers: Beobachtungen zu Integrationsprozessen des 8.–10. Jahrhunderts am Beispiel von Essen, Gandersheim und Quedlinburg, in: Hoernes/Röckelein 2006, S. 11–31.

Ehlers 2007: Caspar Ehlers: Die Klostergründungen des Adels und die Entstehung diözesaner Ordnungsvorstellungen im sächsischen Frühmittelalter, in: Nathalie Kruppa (Hg.): Adlige – Stifter – Mönche. Zum Verhältnis zwischen Klöstern und mittelalterlichem Adel (Veröffentlichungen des Max-Planck-Instituts für Geschichte 227), Göttingen 2007, S. 31–62.

Elbern 1962: Victor H. Elbern: Das erste Jahrtausend. Kultur und Kunst im werdenden Abendland an Rhein und Ruhr, Textband 1 und Tafelband, Düsseldorf 1962.

Elbern 1968: Victor H. Elbern: Mariendarstellungen in der Kirche und Abtei Werden, in: Das Münster am Hellweg 21 (1968), S. 29–43.

Elbern 1988: Victor H. Elbern: Die Goldschmiedekunst im frühen Mittelalter, Darmstadt 1988.

Emmerling/Ringer 1996: Erwin Emmerling, Cornelia Ringer: Das Aschaffenburger Tafelbild. Studien zur Tafelmalerei des 13. Jahrhunderts, Internationales Kolloquium zur Tafelmalerei des 13. Jahrhunderts, veranstaltet vom Bayerischen Landesamt für Denkmalpflege und dem Zentralinstitut für Kunstgeschichte München, 8.–10. Mai 1996 (Arbeitshefte des Bayerischen Landesamtes für Denkmalpflege 89), München 1996.

Esch 2004: Arnold Esch: Wege nach Rom. Annäherungen aus zehn Jahrhunderten, München 2004.

von Euw 1972: Anton von Euw: Die Kunst der ottonischen Epoche und des 11. Jahrhunderts, in: Ausst.-Kat. Köln 1972, Band 1, S. 175–176.

Falk 2003: Birgitta Falk: ein Mutter gottesbild mit gold plattirt… Zum Erhaltungszustand der Goldenen Madonna des Essener Doms, in: Das Münster am Hellweg 56 (2003), S. 159–174.

Falk 2009: Birgitta Falk (Hg.): Der Essener Domschatz, Essen 2009.

Falk 2011: Birgitta Falk: Das Ida-Kreuz, in: Thomas Schilp (Hg.): Frauen bauen Europa (Essener Forschungen zum Frauenstift 9) Essen 2011 (in Druck).

Falk/Schilp/Schlagheck 2007: Birgitta Falk, Thomas Schilp, Michael Schlagheck (Hg.): … wie das Gold den Augen leuchtet. Schätze aus dem Essener Frauenstift (Essener Forschungen zum Frauenstift 5), Essen 2007.

Fehrenbach 1996: Frank Fehrenbach: Die goldene Madonna im Essener Münster (Kunstort Ruhrgebiet 4), Ostfildern 1996.

Fischer 1936: Paul Fischer: Strafen und sichernde Maßnahmen gegen Tote im germanischen und deutschen Recht, Diss. Bonn 1936.

Felten 2004: Franz Felten: Auf dem Weg zu Kanonissen und Kanonissenstift. Ordnungskonzepte der weiblichen *vita religiosa* bis ins 9. Jahrhundert, in: Raphaela Averkorn, Winfried Eberhard, Raimund Haas und Bernd Schmies (Hg.): Europa und die Welt in der Geschichte. Festschrift zum 60. Geburtstag von Dieter Berg, Bochum 2004, S. 551–573.

Gelenius 1639: Aegidius Gelenius: Supplex Colonia sive Admiranda prae seculis anteactis SS. Corporum, Cleri & Populi Agrippinensis in pubiicum processio Octo continuos dies celebrata, Anno MDCXXXIV. Qui fuit imperio periculosissimus. Nunc vero eum brevi & authenticâ Sanctorum Coloniensium historiâ exhibetur, Köln 1639.

Gerchow 1995: Jan Gerchow: Die Mauer der Stadt. Essen vor der Industrie 1244 bis 1865, Bottrop, Essen 1995.

Gerchow 2002: Jan Gerchow: Geistliche Damen und Herren. Die Benediktinerabtei Werden und das Frauenstift Essen (799–1803), in: Ulrich Borsdorf (Hg.): Essen – Geschichte einer Stadt, Bottrop, Essen 2002, S. 58–167.

Gerchow 2003: Jan Gerchow: Sächsische Frauenstifte im Frühmittelalter, in: Gerchow/Schilp 2003, S. 11–28.

Gerchow/Schilp 2003: Jan Gerchow, Thomas Schilp (Hg.): Essen und die sächsischen Frauenstifte im Mittelalter (Essener Forschungen zum Frauenstift 2), Essen 2003.

Giese 2004: Martina Giese (Hg.): Die Annales Quedlinburgenses (Monumenta Germaniae Historica LXXII), Hannover 2004.

Giersiepen/Bayer 1995: Helga Giersiepen, Clemens Bayer: Inschriften, Schriftdenkmäler. Techniken, Geschichte, Anlässe. Mit zahlreichen Beispielen und Hinweisen zum Sammeln und Deuten, Niedernhausen 1995

Glocker 1989: Winfrid Glocker: Die Verwandten der Ottonen und ihre Bedeutung in der Politik. Studien zur Familienpolitik und zur Genealogie des sächsischen Kaiserhauses, Köln, Wien 1989.

Goldschmidt 1918: Adolph Goldschmidt: Die Elfenbeinskulpturen. Aus der Zeit der karolingischen und sächsischen Kaiser VIII. – XI. Jahrhundert, 6 Bände, Berlin 1914–1926, Band 2, 1918.

Henkelmann 2007: Vera Henkelmann: Der Siebenarmige Leuchter des Essener Münsters und die Memoria der Äbtissin Mathilde, in: Falk/Schilp/Schlagheck 2007, S. 151–166.

Hermann 2010: Sonja Hermann: Inschriften im Schatz des Reichsstifts Essen, in: Christine Wulf, Sabine Wehking und Nikolaus Henkel (Hg.): Klöster und Inschriften: Glaubenszeugnisse gestickt, gemalt, gehauen, graviert. Beiträge zur Tagung am 30. Oktober 2009 im Kloster Lüne, Wiesbaden 2010, S. 51–70.

Hermann 2011: Sonja Hermann: Die Inschriften der Stadt Essen (Die Deutschen Inschriften Band 81, Düsseldorfer Reihe 7. Band), Wiesbaden 2011.

Hillebrand 1986: Meinolf Hillebrand: Pfarrarchiv St. Lambertus, Rellinghausen 1986.

Hiltrop 1860: Wirich Hiltrop: Catalogus abbatissarum regalis ecclesie Assindensis, in: Johann Suibert Seibertz (Hg.): Quellen der Westfälischen Geschichte, Band 2, Arnsberg 1860, S. 455–460.

Hömberg 1967a: Albert K. Hömberg: Der Hellweg, sein Werden und seine Bedeutung, in: Hömberg 1967b, S. 196–207.

Hömberg 1967b: Albert K. Hömberg: Zwischen Rhein und Weser. Aufsätze und Vorträge zur Geschichte Westfalens, Münster 1967.

Hoernes/Röckelein 2006: Martin Hoernes, Hedwig Röckelein (Hg.): Gandersheim und Essen (Essener Forschungen zum Frauenstift 4), Essen 2006.

Hoffmann 1993: Hartmut Hoffmann: Das Skriptorium von Essen in ottonischer und frühsalischer Zeit, in: Anton von Euw (Hg.): Kunst im Zeitalter der Kaiserin Theophanu, Akten des Internationalen Colloquiums veranstaltet vom Schnütgenmuseum Köln, Köln 1993, S. 113–153.

Hofmann 1957: Josef Hofmann: Das älteste Evangeliar der Aschaffenburger Stiftskirche, in: Aschaffenburger Jahrbuch 4 (1957), S. 155–202.

Hofmann/Hauke 1978: Josef Hofmann, Hermann Hauke: Die Handschriften der Stiftsbibliothek und der Stiftskirche zu Aschaffenburg (Veröffentlichungen des Geschichts- und Kunstvereins Aschaffenburg e. V. 16), Aschaffenburg 1978.

Honselmann 1960: Klemens Honselmann: Eine Essener Predigt zum Feste des hl. Marsus aus dem 9. Jahrhundert, in: Westfälische Zeitschrift. Zeitschrift für vaterländische Geschichte und Altertumskunde 110 (1960), S. 199–222.

Hopp 1995: Detlef Hopp: Ausgrabungen in der Essener Innenstadt seit 1992, in: Cordula Brand, Detlef Hopp: Essen. Von den Anfängen bis zum Mittelalter, Gelsenkirchen 1995, S. 125–143.

Hopp 1999: Detlef Hopp: Ausgrabungen im Bereich der Münsterkirche 1996 und 1997, in: Das Münster am Hellweg 52 (1999), S. 35–39.

Hopp 2010: Detlef Hopp: Neuere Erkenntnisse der Stadtarchäologie zum Mittelalter in der Essener Innenstadt seit 1992, in: Ausst.-Kat. Herne 2010, S. 173–184.

Hopp/Leenen 2006: Detlef Hopp, Stefan Leenen: Zur Archäologie des Stiftsbezirks im Mittelalter, in: Das Münster am Hellweg 59 (2006), S- 7–27.

Hopp/Leenen 2008: Detlef Hopp, Stefan Leenen: Einblicke in den Friedhof an der Domschatzkammer auf dem Burgplatz, in: Archäologie im Rheinland 2007, S. 148–149.

Horch 2008: Caroline Horch: … pro commemoratione animae mea distribuenda. Die Memorial-Urkunde der Äbtissin Theophanu, in: Schilp 2008, S. 191–212.

van Houts 1992: Elisabeth van Houts: Women and the writing of history in the early Middle Ages: the case of Abbess Matilda of Essen and Æthelweard, in: Early Medieval Europe 1 (1992), S. 53–68.

Humann 1890: Georg Humann: Der Westbau des Münsters zu Essen, Essen 1890.

Humann 1904: Georg Humann: Die Kunstwerke der Münsterkirche zu Essen, Text- und Tafelband, Düsseldorf 1904.

Humann 1928: Georg Humann: Zur Beurteilung mittelalterlicher Kunstwerke. In Bezug auf ihre zeitliche und örtliche Entstehung (Studien zur deutschen Kunstgeschichte 261), 2. und erweiterte Aufl. Straßburg 1928.

Hundhausen 1934: Johanna Hundhausen: Die Blüte des Stiftes Essen unter der großen Äbtissin Mathilde, in: Christliche Frau 32 (1934), S. 241–243.

Jammers 1952: Ewald Jammers: Die Essener Neumenhandschriften der Landes- und Stadtbibliothek Düsseldorf (Veröffentlichungen der Landes- und Stadtbibliothek Düsseldorf 1), Ratingen 1952

Jülich 1986/87: Theo Jülich: Gemmenkreuze. Die Farbigkeit ihres Edelsteinbesatzes bis zum 12. Jahrhundert, in: Aachener Kunstblätter 54/55 (1986/87), S. 99–258.

Jülich 1992: Theo Jülich: Zur Verwendung von Edelsteinen im Mittelalter, in: Ausst.-Kat. Darmstadt 1992, S. 60–69.

Kahsnitz 1998/99: Rainer Kahsnitz: Ottonische Emails. Zum Stand der Forschung, in: Zeitschrift des deutschen Vereins für Kunstwissenschaft 52/53 (1998/99), S. 115–150.

Karpp 2000: Gerhard Karpp: Die Anfänge einer Büchersammlung im Frauenstift Essen. Ein Blick auf die importierten Handschriften des neunten Jahrhunderts, in: Berghaus/Schilp/Schlagheck 2000, S. 101–117.

Kettering 1960: Heinz Kettering: Quellen und Studien zur Essener Musikgeschichte des Hohen Mittelalters (Beiträge zur Rheinischen Musikgeschichte 17), Essen 1960.

Klewitz 1953: Martin Klewitz: Die Baugeschichte der Stiftskirche St. Peter und Alexander zu Aschaffenburg (Veröffentlichungen des Geschichts- und Kunstvereins Aschaffenburg e. V. 2), Aschaffenburg 1953.

Köhn 1957: Heinz Köhn: Das Vortragekreuz des Herzogs Otto und der Äbtissin Mathilde. Das sog. Erste Essener Mathildenkreuz, in: Aschaffenburger Jahrbuch 4 (1957), S. 231–238.

Körntgen 2001: Ludger Körntgen: Starke Frauen: Edgith – Adelheid – Theophanu, in: Ausst.-Kat. Magdeburg 2001, Bd. 2, S. 119–132.

Kosch 1991: Clemens Kosch: Wasserbaueinrichtungen in hochmittelalterlichen Konventanlagen Mitteleuropas, in: Klaus Grewe (Hg.): Die Wasserversorgung im Mittelalter (Geschichte der Wasserversorgung 4), Mainz 1991, S. 89–146

Kosch 2010: Clemens Kosch: Die romanischen Kirchen von Essen und Werden. Architektur und Liturgie im Hochmittelalter, Regensburg 2010.

Kränzle 1997: Andreas Kränzle: Der abwesende König. Überlegungen zur ottonischen Königsherrschaft, in: Frühmittelalterliche Studien 31 (1997), S. 120–157.

Krüger 1996: Klaus Krüger: Das Aschaffenburger Tafelbild. Überlegungen zur Funktion und Deutung, in: Emmerling/Ringer 1996, S. 293–306.

Krug 2002: Antje Krug: Der Almadinkameo an der Essener Krone, in: Acta praehistorica et archaeologica 34 (2002), S. 59–67.

Küppers 1963: Leonhard Küppers (Hg.): Das Essener Münster, Essen 1963.

Küppers 1975: Leonhard Küppers: Essen. Dom und Domschatz, Köngisstein am Taunus 1975.

Küppers/Mikat 1966: Leonhard Küppers, Paul Mikat: Der Essener Münsterschatz, Essen 1966.

Küppers-Braun 2002: Ute Küppers-Braun: Macht in Frauenhand. 1000 Jahre Herrschaft adeliger Frauen in Essen, Essen 2002.

Lange 2001: Klaus Lange: Der Westbau des Essener Doms. Architektur und Herrschaft in ottonischer Zeit (Quellen und Studien. Veröffentlichungen des Instituts für kirchengeschichtliche Forschungen des Bistums Essen 9), Münster 2001.

Lange 2003: Klaus Lange: Die Krypta der Essener Stiftskirche. Heuristische Überlegungen zu ihrer architektonisch-liturgischen Konzeption, in: Gerchow/Schilp 2003, S. 161–183.

Lange 2007: Klaus Lange: Mathildis, Theophanu et aliae. Funktionen des Eigennamens in Stifterinschriften, in: Falk/Schilp/Schlagheck 2007, S. 95–110.

Lange 2008: Klaus Lange: Sakralarchitektur und Memoria. Das Essener Münster als Ort der Erinnerung, in: Schilp 2008, S. 59–79.

Laudage 2001: Johannes Laudage: Otto der Große (912–973). Eine Biographie, Regensburg 2001.

Lehmann 1911: Paul Lehmann: Aus einem Aschaffenburger Evangeliar, in: Neues Archiv der Gesellschaft für ältere deutsche Geschichtskunde 36 (1911), S. 667–679.

Leidinger 1990: Paul Leidinger: Der westfälische Hellweg als Verkehrsweg und Landschaftsbezeichnung, in: Ausst.-Kat. Essen 1990, S. 72–79.

Linnenborn 2010: Marius Linnenborn: Der Gesang der Kinder in der Liturgie. Eine liturgiewissenschaftliche Untersuchung zur Geschichte des Chorgesangs (Studien zur Pastoralliturgie 26), Regensburg 2010.

Mersch 2008: Katharina Ulrike Mersch: Stifterinnenbilder im Kontext gemeinschaftlicher Tradition. Essen und Quedlinburg im Vergleich, in: Schilp 2008, S. 213–231.

Messerer 1950: Rosemarie Messerer: Ottonische Goldschmiedewerke im Essener Münsterschatz, Diss. München 1950.

Meyer-Barkhausen 1936: Werner Meyer-Barkhausen: Zur Baugeschichte des Essener Münsters. Ergebnisse einer Kapitelluntersuchung, in: Wallraf-Richartz-Jahrbuch 9 (1936), S. 7–30.

Müller 1966: Helmut Müller: Essener Geschichtsschreibung und Forscher früherer Jahrhunderte. Neue Forschungsergebnisse (Beiträge zur Geschichte von Stadt und Stift Essen 82), Essen 1966, S. 3–99.

Muschiol 2000: Gisela Muschiol: Das »gebrechlichere Geschlecht« und der Gottesdienst. Zum religiösen Alltag in Frauengemeinschaften des Mittelalters, in: Berghaus/Schilp/Schlagheck 2000, S. 19–27.

Nicke 2001: Herbert Nicke: Vergessene Wege. Das historische Fernwegenetz zwischen Rhein, Weser, Hellweg und Westerwald, seine Schutzanlagen und Knotenpunkte, Nümbrecht-Elsenroth 2001.

Nüssel 2010: Tobias Nüssel: Überlegungen zu den Essener Äbtissinnen zwischen Wicburg und Mathilde, in: Das Münster am Hellweg 63 (2010) S. 7–31.

Oexle 1983: Otto Gerhard Oexle: Die Gegenwart der Toten, in: Hermann Braet, Werner Verbeke (Hg.): Death in the Middle Ages, Leuven 1983, S. 19–78.

Ohler 2001: Norbert Ohler: Reisen im Mittelalter, Düsseldorf ^{2}2001.

Parisse 1992: Michel Parisse: Die Frauenstifte und Frauenklöster in Sachsen vom 10. bis zur Mitte des 12. Jahrhunderts, in: Stefan Weinfurter (Hrsg.): Die Salier und das Reich, Bd. 2. Die Reichskirche in der Salierzeit. Sigmaringen 1992, S. 465–501.

Pawlik 2011: Anna Pawlik: Heilige, Reliquien und Reliquiare im Essener Stift – ein Inventar, in: Thomas Schilp (Hg.): Frauen bauen Europa (Essener Forschungen zum Frauenstift 9), Essen 2011 (in Druck).

Pawlik 2011a: Anna Pawlik: Bildwerke als Reliquiar? Funktionen früher Großplastik im 9. bis 11. Jahrhundert, Diss. Münster 2011

Pothmann 1984: Alfred Pothmann: Der heilige Florinus. Aus der Geschichte der Heiligenverehrung im Stift Essen, in: Das Münster am Hellweg 37 (1984), S. 14–21.

Pothmann 1985: Alfred Pothmann: Heiligen- und Reliquienverehrung im Stift Essen, in: Das Münster am Hellweg 38 (1985), S. 13–28.

Pothmann 1987: Alfred Pothmann: Die Äbtissinen des Essener Stifts, in: Das Münster am Hellweg 40 (1987), S. 5–10.

Pothmann 1988: Alfred Pothmann: Die Schatzkammer des Essener Münsters, München, Zürich 1988.

Pothmann 1995: Alfred Pothmann (Hg.): Das Zeremonialschwert der Essener Domschatzkammer (Quellen und Studien. Veröffentlichungen des Instituts für kirchengeschichtliche Forschung des Bistums Essen 4), Münster 1995.

Pothmann 2000: Alfred Pothmann: Der Essener Kirchenschatz aus der Frühzeit der Stiftsgeschichte, in: Berghaus/Schilp/Schlagheck 2000, S. 135–153.

Potthoff 1953: Ludwig Potthoff: Rellinghausen, Essen 1953.

Prechtel 2011: Svea Prechtel: Die Restaurierungsgeschichte des Siebenarmigen Leuchters aus dem Dom zu Essen im 19. und 20. Jahrhundert, in: Münster am Hellweg 64 (2011) (in Druck).

von Quast 1856: Ferdinand von Quast: Die Münsterkiche in Essen, in: Zeitschrift für christliche Archäologie und Kunst 1 (1856), S. 1–20.

Ribbeck 1900: Konrad Ribbeck (Hg.): Ein Essener Necrologium aus dem 13. und 14. Jahrhundert, Essen 1900.

Röckelein 2000: Hedwig Röckelein: Leben im Schutz der Heiligen. Reliquientranslationen nach Essen vom 9. bis 11. Jahrhundert, in: Berghaus/Schilp/Schlagheck 2000, S. 87–101.

Röckelein 2002: Hedwig Röckelein: Reliquientranslationen nach Sachsen im 9. Jahrhundert. Über Kommunikation, Mobilität und Öffentlichkeit im Frühmittelalter, Stuttgart 2002.

Röckelein 2003: Hedwig Röckelein: Der Kult des heiligen Florinus im Stift Essen, in: Gerchow/Schilp 2003, S. 59–86.

Röckelein 2006: Hedwig Röckelein: Gandersheimer Reliquienschätze – erste vorläufige Beobachtungen, in: Hoernes/Röckelein 2006, S. 33–96.

Röckelein 2007: Hedwig Röckelein: Essener Reliquienbehältnisse aus Blei, in: Falk/Schilp/Schlagheck 2007, S. 111–149.

Rösener 2005: Werner Rösener: Haushalt und Gebet. Frauenklöster des Mittelalters als Wirtschaftsorganismen, in: Ausst.-Kat. Essen/Bonn 2005, S. 78–87.

Savile 1596: Chronicorum Ethelvverdi libri IIII., in: Rerum Anglicarum Scriptores post bedam praecipvi, ex vetustissimis codicibus manuscriptis nunc primum in lucem editi, edited by Henry Savile, London 1596, S. 831–850.

Schilp 1998: Thomas Schilp: Norm und Wirklichkeit religiöser Frauengemeinschaften im Frühmittelalter. Die *Institutio sanctimonialium Aquisgranensis* des Jahres 816 und die Problematik der Verfassung von Frauenkommunitäten (Veröffentlichungen des Max-Planck-Instituts für Geschichte 137, Studien zur Germania Sacra 21), Göttingen 1998.

Schilp 2000: Thomas Schilp: Religiöse Frauengemeinschaften des Früh- und Hochmittelalters im Spannungsfeld von Glauben und Welt. Eine Einführung, in: Berghaus/Schilp/Schlagheck 2000, S. 9–18.

Schilp 2000a: Thomas Schilp: Altfrid oder Gerswid. Zur Gründung und den Anfängen des Frauenstifts Essen, in: Berghaus/Schilp/Schlagheck 2000, S. 29–42.

Schilp 2005: Thomas Schilp: 852 – Gründung des Stifts Essen?, in: Ulrich Borsdorf, Heinrich Theodor Grütter, Oliver Scheytt (Hg.): Gründerjahre. 1150 Jahre Stift und Stadt Essen, Essen 2005, S. 25–41.

Schilp 2007: Thomas Schilp: Stiftung zum Totengedenken – Schenkungen für den Schatz. Überlegungen zur urkundlichen Überlieferung des Stifts Essen im Mittelalter, in: Falk/Schilp/Schlagheck 2007, S. 39–51.

Schilp 2008: Thomas Schilp (Hg.): *Pro remedio et salute anime peragemus.* Totengedenken am Frauenstift Essen im Mittelalter (Essener Forschungen zum Frauenstift 6), Essen 2008.

Schilp 2010: Thomas Schilp (Bearb.): Essener Urkundenbuch. Regesten der Urkunden des Frauenstifts Essen im Mittelalter, Band 1: Von der Gründung um 850 bis 1350 (Publikationen der Gesellschaft für rheinische Geschichtskunde LXXX), Düsseldorf 2010.

Schilp 2011: Thomas Schilp (Hg.): Frauen bauen Europa (Essener Forschungen zum Frauenstift 9), Essen 2011

Schlotheuber 2008: Eva Schlotheuber: Die gelehrten Bräute Christi. Geistesleben und Bücher der Nonnen im Hochmittelalter, in: Helwig Schmidt-Glintzer (Hg.): Die gelehrten Bräute Christi. Geistesleben und Bücher der Nonnen im Hochmittelalter (Wolfenbütteler Hefte 22), Wiesbaden 2008, S. 39–82.

Schneidmüller 2007: Bernd Schneidmüller: Die Kaiser des Mittelalters. Von Karl dem Großen bis Maximilian I., München ^{2}2007.

Schnitzler 1957: Hermann Schnitzler: Rheinische Schatzkammer, 2 Bände, Düsseldorf 1957.

Seemann 1883: Otto Seemann: Die Äbtissinnen von Essen. Nach dem Brüsseler Katalog mit Varianten und Anmerkungen, in: Beiträge zur Geschichte von Stadt und Stift Essen 5 (1883), S. 1–44.

Shalem 1998: Avinoam Shalem: Islam Christianized. Islamic Portable Objects in the Medieval Church Treasuries of the Latin West (Ars Faciendi. Beiträge und Studien zur Kunstgeschichte 7), Frankfurt am Main ^{2}1998.

Shalem 1999: Avinoam Shalem: Islamic Rock Crystal Vessels – Scent or Ampullae?, in: Barbara Finster, Christa Fragner, Herta Hafenrichter (Hg.): Rezeption in der islamischen Kunst (Beiruter Texte und Studien 61), Stuttgart 1999, S. 289–299.

Sollbach 1995: Gerhard E. Sollbach: Leben in märkischen Frauenklöstern und adligen Damenstiften in Mittelalter und Neuzeit, Bochum 1995.

Storp 1995: Ursula Storp: Mathild möge sich kümmern … Zur Gründungsgeschichte Rellinghausens und über Fälschungen im Mittelalter, in: Festschrift 1000 Jahre Rellinghausen, Essen 1995, S. 12–20.

Teschenmacher 1721: Wernher Teschenmacher: Annales Cliviae, Juliae, Montium, Marcae, Westphalicae, Ravenbergae, Geldriae et Zutphaniae, Frankfurt, Leipzig 1721.

Thiel 1986: Matthias Thiel (Hg.): Urkundenbuch des Stiftes St. Peter und Alexander zu Aschaffenburg (Band 1: 861–1325) (Veröffentlichungen des Geschichts- und Kunstvereins Aschaffenburg e. V. 26.1), Aschaffenburg 1986.

Toussaint 2010: Gia Toussaint: Blut oder Blendwerk? Orientalische Kristallflakons in mittelalterlichen Kirchenschätzen, in: Wendland 2010, S. 107–120.

Weigel 1962: Helmut Weigel: Aufbau und Wandlungen der Grundherrschaft des Frauenstiftes Essen (852–1803), in: Elbern 1962, S. 256–295.

Wendland 2010: Ulrike Wendland (Hg.): …das Heilige sichtbar machen. Domschätze in Vergangenheit, Gegenwart und Zukunft (Arbeitsberichte/Landesamt für Denkmalpflege und Archäologie Sachsen-Anhalt Bd. 9), Regensburg 2010.

Wentzel 1972: Hans Wentzel: Das byzantinische Erbe der ottonischen Kaiser. Hypothesen über den Brautschatz der Theophano, in: Aachener Kunstblätter 43 (1972), S. 11–96.

Westermann-Angerhausen 1973: Hiltrud Westermann-Angerhausen: Die Goldschmiedearbeiten der Trierer Egbertwerkstatt (Trierer Zeitschrift für Geschichte und Kunst des Trierer Landes und seiner Nachbargebiete, Beiheft zum 36. Jahrgang), Trier 1973.

Zimmermann 1956: Walther Zimmermann (Hg.): Das Münster zu Essen (Die Kunstdenkmäler des Rheinlandes, Beiheft 3), Essen 1956.

Zwierlein-Diehl 2007: Erika Zwierlein-Diehl: Antike Gemmen und ihr Nachleben, Berlin 2007.

Ausstellungskataloge

Ausst.-Kat. Berlin 1992: Der Quedlinburger Schatz – Wieder vereint, Ausstellungskatalog Berlin 1992/93, hg. von Dietrich Kötzsche, Berlin 1992.

Ausst.-Kat. Darmstadt 1992: Faszination Edelstein. Aus den Schatzkammern der Welt, Mythos, Kunst, Wissenschaft, Ausstellungskatalog Darmstadt 1992, hg. vom Hessischen Landesmuseum Darmstadt, Red. Sybille Ebert-Schifferer, Bern 1992.

Ausst.-Kat. Essen/Bonn 2005: Krone und Schleier. Kunst aus mittelalterlichen Frauenklöstern, Ausstellungskatalog Bonn, bearb. von Jan Gerchow und Jutta Frings, Ruhrlandmuseum Essen/Kunst- und Ausstellungshalle der Bundesrepublik Bonn, München 2005.

Ausst.-Kat. Essen 1956: Werdendes Abendland an Rhein und Ruhr, Ausstellungskatalog Essen 1956, hg. vom Landschaftsverband Rheinland, Essen ^{4}1956.

Ausst.-Kat. Essen 1990: Vergessene Zeiten. Mittelalter im Ruhrgebiet, Ausstellungskatalog Essen 1990, hg. von Ferdinand Seibt u. a., 2 Bände, Essen 1990.

Ausst.-Kat. Essen 1997: Transit. Brügge-Novgorod. Eine Straße durch die europäische Geschichte, Ausstellungskatalog Essen 1997, hg. von Ferdinand Seibt u. a., Essen 1997.

Ausst.-Kat. Herne 2010: AUFRUHR 1225. Das Mittelalter an Rhein und Ruhr, Ausstellungskatalog Herne 2010, Mainz 2010.

Ausst.-Kat. Hildesheim 1993: Bernward von Hildesheim und das Zeitalter der Ottonen, Ausstellungskatalog Hildesheim 1993, hg. von Michael Brandt, Arne Eggebrecht, 2 Bände, Mainz 1993.

Ausst.-Kat. Köln 1972: Rhein und Maas. Kunst und Kultur 800–1400, Ausstellungskatalog Köln, Brüssel 1972, hg. von Anton Legner, 2 Bände, Köln 1972.

Ausst.-Kat. Köln, 1985: Ornamenta ecclesiae. Kunst und Künstler der Romanik in Köln, Ausstellungskatalog Köln 1985, hg. von Anton Legner, 3 Bände, Köln 1985.

Ausst.-Kat. Magdeburg 2001: Otto der Große. Magdeburg und Europa, Ausstellungskatalog Magdeburg 2001, hg. von Mathias Puhle, 2 Bände, Mainz 2001.

Ausst.-Kat. Unna 2000: Zeitreise Hellweg. Spuren einer Straße durch die Jahrtausende; eine Ausstellung der Stadt Unna, Ausstellungskatalog Unna 2000, hg. von Rheinhild Stephan-Maaser, Essen 2000.

Fotonachweis

Domschatz Essen: S. 112, 113 (Anne Gold, Essen), S. 17 (Bildarchiv), S. 11, 13, 21, 55, 69, 97, 100, 101, 105, 108, 109, 115, 120, 121, 124, 125, 127, 130–132, 139, 140, 152, 153, 160, 161 (Jens Nober, Essen), S. 163 (Anna Pawlik)
Christian Diehl, Dortmund: S. 7, 47, 92, 94
Raphael Nocken, Düsseldorf: S. 15
Karte: Daniel Cremer, Düsseldorf: S. 29
Zeichnung: Christine Bach, Essen: S. 99
Zeichnung: Ina Thiesies, Düsseldorf: S. 138
Peter Prengel, Essen: S. 34
Detlef Hopp, Essen: S. 36–38
Detelf Hopp/Stefan Leenen: S. 35
Peter Happel, Essen: S. 89

Reproduktionen aus:
Zimmermann 1956, S. 215: S. 20
Ders., S. 226: S. 88
Weigel 1962, S. 258: S. 25
Ausst.-Kat. Köln 1985, II, S. 255: S. 134
Ausst.-Kat. Unna 2005, S. 10 f.: S. 30/31
Ausst.-Kat. Bonn/Essen 2005, S. 81, Abb. 3: S. 71
Beuckers 2002, S. 52–53: S. 78/79
Kosch 2010, S. 10/11: S. 93
Beilage aus Pothmann 1995: S. 127
Schilp 2008, S. 67: S. 157
Savile 1596, S. 473: S. 85

Universitäts- und Landesbibliothek Düsseldorf: S. 42/43, 53, 58, 59, 63
Landesarchiv Nordrhein-Westfalen – Abteilung Rheinland: S. 50/51
Staatsbibliothek zu Berlin – Preußischer Kulturbesitz: S. 65
Aschaffenburger Stiftsbibliothek: S. 73, 149
Sächsische Landes-, Staats- und Universitätsbibliothek Dresden (SLUB): S. 75
© Domkapitel Aachen (Foto: Ann Münchow): S. 91, 109
Bischöfliches Ordinariat, Diözesanmuseum Limburg: S. 104
Rita Heyen, Amt für kirchliche Denkmalpflege Trier: S. 135
www.essen.de: S. 128
Stiftskirche St. Peter und Alexander Aschaffenburg (Foto: Anna Pawlik): S. 145

Abbildungen auf den Kapiteltitelseiten

S. 18/19: Kreuz mit den großen Senkschmelzen, Detail vom Querbalken, Essen, 1. Viertel 11. Jahrhundert, Domschatz Essen, Inv. Nr. 5; Domschatz Essen, Foto: Jens Nober, Essen
S. 66/67: Reliquienstoff aus Seide, Sogdien (?), 8./9. Jahrhundert, Domschatz Essen, Inv. Nr. 80a, Fachhochschule Köln, Zentrum zur Erforschung antiker und mittelalterlicher Textilien; Foto: Ulrich Borowiak, Köln
S. 85/86: Blick vom Westbau des Essener Doms nach Südosten auf Höhe der Empore; Foto: Raphael Nocken, Düsseldorf
S. 142/143: Zierknauf am Siebenarmigen Leuchter, Essen, um 990, Domschatz Essen, Inv. Nr. 1; Domschatz Essen, Foto: Jens Nober, Essen

Dieses Buch erscheint anlässlich der Ausstellung
Verg*ESSEN*? Prinzessin Mathilde – Äbtissin in Essen
Dom und Domschatz Essen
27. Oktober 2011 bis 22. Januar 2012
Ausstellung und Publikation wurden von der Domschatzkammer Essen in Zusammenarbeit mit Studierenden des Instituts für Kunstgeschichte der Heinrich-Heine-Universität Düsseldorf konzipiert.

An dem Projekt haben teilgenommen:
Sarah-Marlene Allzeit
Christine Bach
Lars Berg
Fabian Bojkovsky
Daniel Cremer
Johanna Fleischmann
Yvonne Hildwein
Marie-Louise Hirschmüller
Maren Horst
Daniela Kaufmann
Sarah Klomberg
Georgina Koch
Ramona Libuda
Jennifer Liß
Georgia Louloudis
Björn Meiworm
Raphael Nocken
Jasmin Remp
Anne-Sophie Rüther
Inga Katharina Scholl
Bettina Starzetz
Eleni Theodorou
Nicoletta Theodorou
Ina Thiesies
Huong Tran
Mirjam Verhey
Biayna Yousefi

Herausgeberinnen: Birgitta Falk und Andrea von Hülsen-Esch
Redaktion: Johanna Fleischmann, Daniela Kaufmann, Björn Meiworm, Bettina Starzetz, Ina Thiesies
Bildredaktion: Daniel Cremer, Raphael Nocken

1. Auflage Oktober 2011
Satz und Gestaltung: Klartext Medienwerkstatt GmbH, Essen
Druck und Bindung: WAZ-Druck GmbH & Co. KG, Duisburg

ISBN 978-3-8375-0584-9

www.klartext-verlag.de